组织运作实践模拟

角色扮演与情境体会

Scenario Simulations of an Organization

Role Plays and Situational Experiences

姚小涛 著

图书在版编目(CIP)数据

组织运作实践模拟：角色扮演与情境体会/姚小涛著. —北京：北京大学出版社，2017.1
ISBN 978-7-301-27736-2

Ⅰ.①组… Ⅱ.①姚… Ⅲ.①组织管理 Ⅳ.①C936

中国版本图书馆CIP数据核字（2016）第270992号

书　　　名	组织运作实践模拟：角色扮演与情境体会 ZUZHI YUNZUO SHIJIAN MONI:JUESE BANYAN YU QINGJING TIHUI
著作责任者	姚小涛　著
责任编辑	徐　冰
标准书号	ISBN 978-7-301-27736-2
出版发行	北京大学出版社
地　　址	北京市海淀区成府路205号　100871
网　　址	http://www.pup.cn
电子信箱	em@pup.cn　　QQ：552063295
新浪微博	@北京大学出版社　@北京大学出版社经管图书
电　　话	邮购部 62752015　发行部 62750672　编辑部 62752926
印刷者	北京中科印刷有限公司
经销者	新华书店
	880毫米×1230毫米　A5开本　4.875印张　94千字
	2017年1月第1版　2017年1月第1次印刷
印　　数	0001—3000册
定　　价	20.00元

未经许可，不得以任何方式复制或抄袭本书之部分或全部内容。
版权所有，侵权必究
举报电话：010-62752024　电子信箱：fd@pup.pku.edu.cn
图书如有印装质量问题，请与出版部联系，电话：010-62756370

前言

　　工商管理类的学生在学习书本中的理论知识之外，还应对现实管理场景、管理操作、管理实践、管理流程、管理现象等有深刻的理解。目前提升学生对后者理解的教学方法无外乎就是去现实组织中实习、调查研究或进行案例分析等传统的方式。本书主要讲述如何在课堂上以角色扮演或情境体会的方式去主动地参与并感受管理实践，具有传统方法无法比拟的优势，它是培养学生实际管理能力与提升学生课堂参与度的重要因素。角色扮演与情境体会是模拟的重要优势，但是，工商管理类课程中的模拟要么是计算机模拟（缺乏学生之间、学生与老师之间的互动以及课堂热烈氛围），要么是片断性零碎式模拟（缺乏组织整体性流程体会），即使存在一些企业经营类综合模拟，也无法就组织运作与管理相关的主题集中进行展示。

　　综合来看，以完整的模拟作为一门课程内容来在课堂上展示组织运作与管理方面的主题，这种教学方法与教学内容在目前国内外较少采用，但是对教学却具有极为重要的意义。基于这种考虑，本书构建了以模拟组织运作与管理主题为核心的练习内容。

　　本书以组织发展的纵向逻辑为线索，将组织发展分为组织创立、组织成长情境与组织变革三大块内容，并且针对这三块内容分别设计了课堂参与性、互动性、体会性、手工性的模拟，旨在通过这种方式营造出组织运作氛围，并凸显不同的组织管理主题，从而为学生理解组织运作与管理逻辑提供操作性练习、活跃课堂气氛、提升教学效果。

本书是作者长期以来教学经验、实际体会与长期综合思考的结晶，相关内容已在作者所任教的西安交通大学管理学院作为课程教学内容使用多次，学生课堂参与热情、投入度高，教学效果良好，显示了本书中的内容与教学方法具有一定的可行性与创新性。

感谢这几年来参与我开设的与本书内容相关的课程的学生们，你们的全情投入与反馈使我获益良多。

本书的使用与参考范围广泛。首先，全部内容可以共同构成一门关于组织运作与管理的独立课程，为相关院校开设与选修提供借鉴，因此，本书可用于本科生组织分析、组织运作与管理、管理学等相关课程的实践教学环节配套课程的教学参考。其次，本书的三块不同模拟内容可供不同课程（如本科生层次、学术型与专业学位研究生层次的创业、投融资、组织变革、组织分析、组织理论、组织文化、战略管理、领导学、组织行为学、人力资源管理、团队管理、管理学等）作为实践情境体会内容选择性地嵌入各自的课堂教学活动中，从而，本书也可以作为上述课程的辅助用书。再次，本书的模拟内容具有开放性与启示性，可以为相关教学活动提供框架与方法，在教学中可以以本书中的模拟方法及内容为基础，进行修改、调整、增删、融合等，满足不同类型、不同课时的教学活动，即本书可以为开展课堂模拟内容的各类教学活动提供参考与指导。最后，本书也可作为培训与咨询类活动的参考辅导用书。

作者特别感谢北京大学出版社的徐冰编辑。她在本书编辑、校对过程中倾注了大量的时间与精力，给出了许多很有建设性的建议，使得内容与形式在原稿基础上增色不少。

感谢陕西高校首批"人文英才计划"的资助。本书也被列为"西安交通大学'十三五'规划教材"建设项目，在此一并致谢。

由于作者的才识有限，书中难免有错漏与不周之处，希望读者给予指正。对本书所述内容与方法有进行一步交流意愿或有疑问的读者，可以通过电邮方式（yxt@mail.xjtu.edu.cn）与本书作者联系。

目录

第一部分 组织创立模拟 / 1

本模拟可以用来让学生感受组织创立及其过程、团队合作与人员投入、机构设置、创业管理、沟通与谈判等相关议题。

第二部分 组织成长情境模拟 / 25

本模拟可以用来让学生感受组织成长过程以及该过程中可能出现的主要组织问题。

第三部分 组织变革系列模拟 / 93

本系列模拟是以组织内裁员作为组织变革的具体情境依托,可以用来让学生感受组织变革、组织运作机制、决策及执行、冲突与协调、组织战略执行与调整、组织文化等相关议题。

第一部分

组织创立模拟

本模拟流程如图 1-1 所示。

本模拟可以用来让学生感受组织创立及其过程、团队合作与人员投入、机构设置、创业管理、沟通与谈判等相关议题。

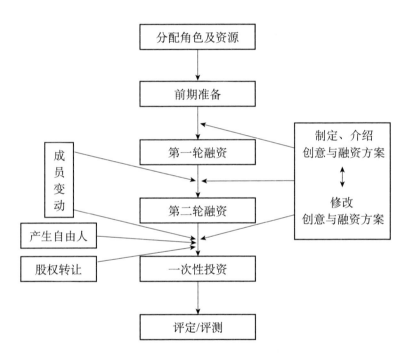

图 1-1 组织创立模拟流程示意图

一、情况介绍与模拟准备

首先选择少量学生作为此模拟中的投资者角色，除此之外，剩余学生分为若干小组，每组由若干学生构成。以 30 人的班级为例，可（随机）选择或确定 5 位学生作为投资者，其余学生分为 5 组，每组 5 人。

每个小组内的全部成员共同构成该小组的创业团队，每个成员均为创始人。每位成员的角色定位、分工等由各小组内部自行协商确定。

每一名投资者在模拟中的可投资金额均相等，由老师在第一次融资模拟活动开始之时点，综合各小组的融资方案现场赋予。该可投资金额是上限，具体用多少，由每位投资者自主决策，剩余的可转用于后续投资活动。每位投资者的总体可用投资额度及余额情况仅仅由投资者自己掌握，在整个模拟过程中，各个小组不知道也不能打听该信息，投资者也不能以任何方式和渠道透露给任何一个小组。

本模拟的全过程共包含两次融资模拟活动，以及最后环节中的一次性投资活动，每位投资者在这几次投资中自行做出决策。并且，投资者只投资并因此而占有股份，除非特别强调，投资者不参与、不掌控各小组的具体事务，也不能转换身份成为小组成员或任何形式的具体经营管理者，自始至终只能是投资者（与股东）的角色。考虑到第一次融资模拟中某些投资者可能会用尽其可用额度这种极端情况的存在，在这种情况下，除非老师根据具体情况给每个投资者追加可用金额，否则这些投资者在后续任何投资中均不能再进行投资。投资者的每一次投资，都必须明确其在所投资小组中所占有的股权比例（注：最后阶段的一次性投资活动不占有股权）。

二、模拟开展

模拟共分为七个阶段。

1. 第一阶段

这一阶段的模拟可由学生在课堂外进行，当然，老师可视课程开展效果等因素，也可以在课堂上进行。

此阶段模拟开始之前，可以让学生预先对创业进行一定的调研作为前期准备工作。

每个小组根据前期的准备工作，在其内部充分研讨，构思并提出各自的商业创意方案。可以是任何方面的，老师不做特定限制，完全由各小组自主提出，但不建议设计为完全脱离实际的空想类或没有任何现实对应的虚拟类创意，也不建议是成立公益性组织或开展一次性活动等与商业活动无关或仅是某个时点上的小环节等创意，也就是说，创意方案提出的目标是吸引商业投资并致力于模拟建立商业性组织。在构思创意方案时，各小组之间不能相互交流。

在后续模拟中，创意方案会存在一个改进、完善、深化与具体化的过程，但这都是建立在初始方案的基础上的。每个环节前后紧密衔接，最终形成的方案将决定各个小组以及各个投资者的成绩。每个小组应从开始就了解此标准。

如果每个小组认为必要的话，可以自行明确各自小组内成员的角色定位、分工等（例如 CEO、CTO、CFO 等），当然，也可根据实际情况在这个阶段对此不做明确。小组内的所有创始人此时共同拥有 100% 股权，开始时可以明确也可以不明确各自的占股比例，这完全取决于每个小组各自的意愿。如果此时不明确各自的股权占比，可在后续的创意方案改进、完善、深化与具体化模拟阶段，再进行内部协商明确，当然，如果每个创始人都愿意，也可以在整个模拟过程中自始至终都不明确各自的股权占比。特别说明的是，整个模拟中所谓的"各小组内明确了其内部成员股权占比"的情况，是指对小组内所有成员均明确了其在小组内的股权占比（不管平均分配还是不平均分配），而如果某个小组只为其部分成员明确了股权占比，则仍属于未明确其内部成员股权占比的情况。

在此阶段，初始设定每个小组所拥有的资金均为 0，即每个小组均必须从外部投资者那里吸收投资用于支撑所提创意方案的实施。因此，需要各小组研讨制订首次融资预案，例如拟融资总金额，以及对应该金额所愿给予的股权比例。此次融资预案的制订完全由各小组内部协商自行决定，投资者不得干预。当然，在后面第一次融资活动中，吸收投资能否成功，也是各小组与投资者双方谈判的结果，虽然是否愿意以某种条件接纳某个投资者的最终决定权在各小组，但如果不尊重投资者的意见，也难以顺利吸收到理想的投资。

在初始创意方案制订过程中,应该设置哪些部门、董事会构成、高管团队构成、治理结构、股权设置情况、组织机构、开拓什么市场、吸引哪些人才、进行哪些投资、开展哪些宣传活动、开发什么技术等,模拟参与者每个人大致都有自己的判断,如果某个小组的方案本身以及拟吸收的投资额(包括应该对应的股权比例)之间没有对应性,则会让投资者产生较为负面的评判。

在此阶段中,对各个投资者进行限制,不得干预各小组的任何工作活动及决策制定,但可旁听并给出自己的建议,同时,不得将各小组的信息告知其他任何小组。

2. 第二阶段

(1) 创意方案与融资预案介绍

每个小组宣讲各自的初始创意方案,包括创意内容、团队成员及其分工定位(如果明确了)等,并公布首轮融资预案,包括金额以及对应的股权占比等。拟融资额大于等于0元;融资可为0,意为本轮不融资。该预案只是一种意向,本次最终实际融到的资金及其股权占比可根据此轮融资活动的实际情况再进行调整,也就是说,实际融资结果是各小组与各投资者双方互动的结果,最后不一定与融资预案相同。

(2) 融资活动的开展

由老师自己预估各小组的创意方案实际所需资金数,并综合各小组拟融资金额因素,赋予每位投资者可用的资金额度。该资金额度的具体数值由老师在课堂上自由确定,建议只要符合以下取值范围即可:将老师自己预估的各小组实际所需资金数中的最高值与各小组拟融资金额中的最高值进行比较，以两者之中的最小值作为取值最高限，同时，将老师自己预估的各小组实际所需资金数中的最小值与各小组拟融资金额中的最小值进行比较，以两者之中的最小值作为取值最低限。例如共有 5 个小组，老师自己预估出各小组实际所需资金数分别为 100 万元、200 万元、120 万元、160 万元、240 万元，而各小组拟融资金额分别为 130 万元、180 万元、110 万元、180 万元、260 万元，则赋予每位投资者的资金额度应在 100 万元至 240 万元之间进行确定，取值越接近 100 万元，意味着模拟倾向于让各小组之间对有限资金的竞争越激烈，取值越接近 240 万元，意味着模拟倾向于鼓励各小组尽可能创造性地拓展其方案，至于倾向于哪种模拟导向，则由老师综合来掌握并确定。当然，以上取值范围只是一个操作性的建议，老师也可将取值低于上述最低限或高于上述最高限，以更加凸显模拟的某种特定导向。值得说明的是，除非后续给每位投资者追加赋予资金额度，否则这个额度便是整个模拟中每位投资者全部可投资金。每位投资者可用资金额度均相同。赋予投资额度后，融资活动随即开展，并遵循以下规则：

◆ 每个小组分别与投资者（全部投资者还是部分投资者由各小组自行决策）进行沟通与谈判，争取对方的投资。

◆ 每位投资者也有自主权来决定是否主动与各个小组来接触。

◆ 投资者也可以相互交流与沟通。

◆ 每位投资者可只投资一个小组，也可投资多个小组；

可独立投资，也可组团投资；可对某个小组独立投资，也可对其他小组组团投资；等等。如果要组团投资，各投资者之间协商决定是否要组成投资团共同进行某个投资，在这种情况下需要明确相互的出资额及股权占比情况。

◆ 各小组与拟投资的投资者相互沟通与谈判，最终确定出双方均认可的投资额及相应的占股情况，先达成投资协议者先获得投资。在某位投资者做出最终正式的投资决策前，每个小组均必须将小组内的完整信息告知该投资者，该投资者也都有权知道自己拟投资的小组已有其他哪些投资者进行了投资，以及其投资金额与占股情况。

吸纳哪位投资者，以及吸纳多少投资及其股权占比，是双方谈判的结果，但是，在本轮融资活动中要设定一个限制条件：先完成投资的投资者无权干涉各小组是否再吸引其他投资者及其投资额与股权占比等事宜，完全接受各小组与其他投资者的互动结果。只是，在完成本轮融资活动后，各小组均需将所有融资信息汇总并告知先前投资者。

在极端的情况下，创业者有可能在本轮融资活动中无法与任何一位投资者达成协议，即本轮融资失败。而投资者如果觉得条件不合适，也可以不进行任何投资。

投资者剩余的投资额度可以用作第二轮融资活动时的投资、各种股权收购以及用在最后一次性投资活动中。

(3) 方案研讨活动

投资者给某个/些小组正式投资并注入资金后，可以对相应小组的初始创意方案提出进一步的意见、建议与要求。

(4) 融资结果介绍

所有小组在课堂上介绍各自融资的最终结果（可与融资预案不一致），每个小组不必公布吸纳的投资金额及其对应的股份占比等信息，但必须公布哪个投资者对自己进行了投资，以便各小组掌握大概动态。当然，投资者都知道自己所投小组的其他投资者对该小组投资的全部信息。

(5) 每个小组结合本轮融资结果，相应地按比例稀释组内每个成员所占的股权比例。

3. 第三阶段

此阶段模拟可由学生在课堂外进行，当然，老师可视课程开展效果等因素，也可以在课堂上进行。

每个小组成员有权在此阶段自行决定是否退出所在小组转而加入其他小组，各小组也可以主动去吸引其他小组成员，至于加入的条件则由该成员与拟新加入的小组自行协商。离开原来小组时，如果原所在小组成员明确了股权占比，则该小组直接无偿剥夺离开者的所占投权，其所占股权份额无偿平均（按人数平均）分配给小组内其他成员（但不分配给投资者）；如未明确股权占比，离开时不能带走任何原小组的股权，原小组剩余成员共同占有该离开成员的股权（同样，投资者不得占有）。如果在此阶段中，某个小组的所有成员都离开转而加入其他小组，则该小组在后续模拟活动中不复存在，此前投资者给该小组的所有投资都化为 0，但该小组成员在模拟中的最终成绩按照其在新加入的小组中的成绩来确定。

每个小组在其内部充分研讨，结合各自的新情况以及投资者给出的建议与要求，对各自方案进行调整、改进、完善和深化，使其转化为较为具体可行、更为合理的方案。

每个小组内部协商是否对成员的股权占比、角色定位、机构设置等进行明确或调整。

对于没有明确各成员的角色定位或股权占比的，在此阶段可以加以明确；当然，如果小组成员均同意，也可以在此阶段继续不加以明确。

各小组研讨制订第二轮融资预案，例如拟融资总金额以及对应该金额所愿给予的股权比例。本轮融资预案的制订完全由创业团队内部协商自行决定，投资者不得进行干预。当然，在后面第二轮的融资活动中，吸收投资能否成功，也是各小组与投资者双方谈判的结果。

虽然在此阶段投资者被限制不得干预各小组的任何工作活动及决策制定，但可旁听并给出自己的建议。同时，投资者不得将各小组的信息告知其他任何小组。

4. 第四阶段

（1）创意方案与融资预案介绍

每个小组宣讲各自完善调整后的方案，包括创意内容、团队成员及其分工定位（如果明确了）等，可不包括已吸纳的投资金额及其对应的股份占比信息。同时，公布第二轮融资预案，包括金额以及对应的股权占比等。拟融资额大于等于0元，0意味着本轮不融资。该预案只是一种意向，本轮最终实际融到的资金及其股权占比可根据此轮融资活动的实际情况进行调整,也就是说,实际融资结果是各小组与各投资者双方互动的结果,最后不一定与融资预案相同。

由老师综合情况,决定是否需要追加一定的投资金额赋予每位投资者。

(2)融资活动的开展

◆ 每个小组分别与投资者(全部投资者还是部分投资者由各小组自行决策)进行沟通与谈判,争取对方的投资。

◆ 每位投资者也有自主权来决定是否主动与各个小组来接触。

◆ 投资者之间也可以相互交流与沟通。

◆ 每位投资者可只投资一个小组,也可投资多个小组;可独立投资,也可组团投资;可对某个小组独立投资,也可对其他小组组团投资;等等。如果要组团投资,各投资者之间协商决定是否要组成投资团共同进行某个投资,在这种情况下需要明确相互的出资额及占比情况。

◆ 各小组与拟投资的投资者相互沟通与谈判,最终确定出双方均认可的投资额及相应的占股情况,先达成投资协议者先获得投资。在某个投资者做出最终正式的投资决策前,每个小组均必须将小组内的完整信息告知该投资者,该投资者也都有权知道自己拟投资的小组已有其他哪些投资者进行了投资,以及其投资金额与占股情况。

吸纳哪个投资者,以及吸纳多少投资及其股权占比,是双方谈判的结果,但是,在本次融资活动中要设定一个限制条件:本次融资活动中先完成投资的投资者无权干涉各小组是否再吸引其他投资者及其投资额与股权占比等事宜，完全接受各小组与其他投资者的互动结果。只是，在完成本次融资活动后，各小组均需将所有融资信息汇总并告知先前投资者。

本轮融资活动中，各小组吸纳任何资金并给予相应的股权占比时，必须征求在首轮融资活动中已先投资的投资者意见。后者同意则直接完成新引资计划；若后者不同意，则所有股东进行投票，并按同意与不同意双方各自所占股权比例的多少确定投票结果，投票后按结果执行。

在极端的情况下，创业者有可能在本轮融资活动中无法与任何一位投资者达成协议，即本轮融资失利。投资者如果觉得条件不合适，也可以不进行投资。

在本轮融资活动的任何时点上，任何一位投资者均不受小组限制，都可以出售自己在任何一个小组中的部分或全部股份给其他任意一位小组内或小组外的投资者。同理，也可主动寻求购买其他投资者手中握有的部分或全部股份，具体转让数量与价格由出售方和购买方自行协商，先达成转让协议的双方中的任何一方，都不应干涉另一方再与其他投资者后达成转让协议中的转让数量与价格。转让完成后，告知各小组结果，各小组的投资者构成相应随之调整。与此同时，各个投资者相应增加或减少自己手中的资金额度，股权拥有情况也相应变化。

投资者剩余的投资额度可以用作各种股权收购以及最后一次性投资活动中。

(3) 方案研讨活动

首轮融资中进入的投资者与本轮融资中新进入的投资者可以对该小组的方案提出较为具体的意见、建议与要求，使得该方案实施可以较好地促成正式组织的建立。

(4) 融资结果介绍

所有小组在课堂上介绍各自融资的最终结果（可与融资预案不一致），每个小组不必公布吸纳的投资金额及其对应的股份占比等信息，但必须公布哪个投资者对自己进行了投资，以便各小组掌握大概动态。当然，投资者都知道自己所投小组的其他投资者对该小组投资的全部信息。

(5) 每个小组结合本轮融资结果，相应地按比例稀释组内每个成员及投资者所占的股权比例。

5. 第五阶段

此阶段模拟可由学生在课堂外进行，当然，老师可视课程开展效果等因素，也可以在课堂上进行。

每个小组成员有权在此阶段自行决定是否退出所在小组转而加入其他小组，各小组也可以主动去吸引其他小组成员，至于加入的条件则由该成员与拟新加入的小组自行协商。离开原来小组时，如果原所在小组成员明确了股权占比，则该小组直接无偿剥夺其所占股权，其股权按照小组成员加总的股权占比及各投资者的股权占比，无偿分配给小组内其他成员（小组其他成员再均分）及小组的投资者。如未明确股权占比，离开时不能带走任何原小组的股权，原小组其他成员、小组的各个投资者按其各自股权占比分配该离开成员的股权。

如果在此阶段中，某个小组的所有成员都离开而加入其他小组，则该小组在后续模拟中不复存在，此前投资者给该小组的所有投资都化为0，但该小组成员在模拟中的最终成绩按照其在新加入的小组中的成绩来确定。

在此阶段，各小组的投资人拟对其所投资小组的内部管理团队进行调整，但是，遇到了小组成员的反对，因此，需要对应小组的所有投资人进行投票决策，确定是否需要将某一位小组成员排除在该小组之外而成为自由人。投资人同意与否，其结果按照同意与不同意的投资人在该小组中的股权占比来确定，结果统计后按照结果执行：如果结果统计显示同意将某一位小组成员排除在该小组之外，则该成员此后离开该小组而成为自由人；如果结果统计显示不同意（对于同意与不同意的股权占比相同的情况，也视为不同意）将某个成员排除在小组之外而成为自由人，则询问小组所有成员有无愿意离开小组而成为自由人，如果没有人愿意，则不发生任何变化，如果有人愿意，则该成员离开小组而成为自由人。

各小组自愿成为自由人的成员最多一位，如果多于一位，则需小组的投资者按照上述表决原则确定其中一位。如果某个小组只剩一位成员而此成员也愿意成为自由人，则该小组在后续模拟中不复存在，此前投资者给该小组的所有投资都化为0。成为自由人离开原来小组时，如果原所在小组成员明确了股权占比，则该小组直接无偿剥夺其所占投权，其所占股权按照小组成员加总的股权占比及各投资者的股权占比，无偿分配给小组剩余成员（小组剩余成员再均分）以及小组的投资者；如未明确股权占比，离开时不能带走任何原小组的股权，原小组的剩余成员总体、小组的各个投资者按小组加总的、小组的投资者各自股权占比分配该离开成员的股权。对于离开原小组而成为自由人者，自此与原小组无关联，但可在模拟结束前，与原小组成员一起获得一定的资金额度，参与对各个小组的一次性投资性活动，并结合该次投资情况决定自己在整个模拟中的排序。

每个小组分别进行研讨，形成最终的方案，此后不能再进行变动与调整。在模拟后续阶段不再安排融资活动。

每个小组内部协商是否对成员的股权占比、角色定位、机构设置等进行明确或调整。

对于没有明确成员的角色定位或股权占比的，在此阶段可以加以明确，当然，如果小组成员均同意，也可以在此阶段继续不加以明确。

在此阶段中，对各个投资者进行限制，除上述特别说明的情况外，投资者不得干预各小组的任何工作活动及决策制定，但可旁听并给出自己的建议，同时，不得将各小组的信息告知其他任何小组。

6. 第六阶段

（1）正式方案介绍

每个小组公布各自完善调整后的最终正式方案的完整信息，包括方案本身内容、股权、融资、投资者，等等。

(2) 投资者相互的股权转让

在此阶段，任何一位投资者不受各小组的限制，都可以出售自己在任何一个小组中的部分或全部股份给其他任意一位小组内或小组外投资者，同理，也可主动寻求购买其他投资者手中握有的部分或全部股份。具体转让数量与价格由出售方和购买方自行协商，先达成转让协议的双方中的任何一方，都不应干涉另一方再与其他投资者后达成的转让协议中的转让数量与价格。转让完成后，告知各小组，各小组的投资者构成相应随之调整。与此同时，各个投资者相应增加或减少自己手中的资金额度，股权拥有情况也相应变化。投资者此时如果还有剩余投资额度，则可以用在最后一次性投资活动中。

(3) 投资者与股权的变动介绍

由各小组公布其最新的投资者与股权的变动信息，作为最终结果，后续不再做任何变动。

7. 第七阶段

由各小组派一名代表分别独立、匿名综合其他小组各次所提方案的内容、可行性、具体性、新颖性、成长性以及方案形成进程、团队情况、协作、参与、投入等，对除本小组之外其他各小组的方案进行整体性评分（百分制，最高分100分，最低分0分，不可弃权），此评分不应考虑各小组吸引的投资者、投资金额因素。评分结果先不公布，待下面一次性投资活动完成后再统一公布。

由所有的小组成员以及此前自愿离开所在小组而成为自

由人者,根据自己对每个小组(包括自己所在小组)最终正式方案的总体理解与评估,进行一次性的投资(这个一次性投资仅是一种评估性投资模拟,模拟营造公司在股票市场上市的氛围,这次投资不占有任何股权)。具体做法:先由老师综合具体情况,额外赋予所有小组成员以及自由人每人相同若干金额的一次性投资额度,由他们结合各自对各个小组最终方案的整体看好程度、依据方案创立正式组织实施的难易度等因素,在该一次性投资额度内,分别独立但不匿名地(因为后面要结合每人的一次性投资情况来考虑其在模拟中的排序)进行一次性投资,具体的投资分配比例完全自行决定(可只投资一个小组,也可投资多个小组,甚至一个小组都不投资即投资额为0)。与此同时,每个投资者也将自己此时所剩余的所有资金额度进行一次性投资(投资多少、如何进行投资组合均不做限制,由其自行决定,可全部用完剩余额度、也可使用部分剩余额度,也可不做投资即投资额为0),当然,如果投资者此时没有剩余的资金额度,则此次一次性投资自动计为0。

统计并公布上述评分以及一次性投资的结果。

三、模拟结果排序规则

模拟完成后确定所有参加者的排序成绩。

1. 小组成员的排序

对于所有小组成员的排名确定,是由两部分构成的。

第一部分是各小组之间的综合排序，具体如下：

◆ 根据各小组获得的其他小组代表的评分高低，给出各小组相互之间的排序。

◆ 计算各小组在两次融资活动中所吸引到的投资总额，按照该数额高低给出各小组相互之间的排序。

◆ 计算各小组在最后阶段获得的一次性投资总额，按照该数额高低给出各小组相互之间的排序。

以上三个排序的平均值决定了各小组相互之间最终的综合排序，排名靠前的小组，其内部每个成员的排名均高于排名靠后的其他小组的成员。

第二部分是小组成员在其小组内的排序，具体如下：

列出所有小组所获得的一次性投资排序，以及各小组所获得的一次性投资对应的所有人员。如果 A 小组获得的一次性投资总额最多，则在 A 小组中一次性投资最多的小组成员在组内的排序高于其他成员；如果某个小组成员都没有在 A 小组中进行一次性投资，则比较其在获得一次性投资总额次多的小组（例如 B 小组）的情况，在 B 小组中一次性投资最多的小组成员在组内的排序高于其他成员；依此类推，直到确定最终排序为止，如果所有情况均相同，则排序可并列。

例如，假设模拟中共有 5 个小组，每个小组各有 5 名成员，此外还有 5 名投资者。一次性投资结果如表 1-1 所示。

表 1-1　模拟中一次性投资结果汇总

A 小组	B 小组	C 小组	D 小组	E 小组	F 小组
A 小组所获得的一次性投资总额为 a	B 小组所获得的一次性投资总额为 b	C 小组所获得的一次性投资总额为 c	D 小组所获得的一次性投资总额为 d	E 小组所获得的一次性投资总额为 e	F 小组所获得的一次性投资总额为 f
假设 $a>b>c>d>e>f$					
以下列出了对各小组进行一次性投资的所有模拟参与者,从上至下按照投资额由高至低排列					
B 小组成员 1	投资者 4	C 小组成员 3	D 小组成员 3	E 小组成员 5	F 小组成员 4
投资者 1	投资者 2	C 小组成员 2	D 小组成员 2	E 小组成员 3	F 小组成员 5
投资者 2	投资者 3	投资者 2	D 小组成员 1	D 小组成员 4	A 小组成员 4
A 小组成员 1	B 小组成员 2	E 小组成员 2	E 小组成员 3	F 小组成员 3	A 小组成员 5
A 小组成员 2	B 小组成员 1	E 小组成员 1	E 小组成员 4	C 小组成员 4	B 小组成员 5
C 小组成员 1	A 小组成员 3	D 小组成员 2	B 小组成员 3	D 小组成员 5	D 小组成员 5
投资者 3	A 小组成员 1	D 小组成员 1	F 小组成员 3	投资者 1	F 小组成员 1
E 小组成员 1	C 小组成员 2	F 小组成员 2	B 小组成员 4	C 小组成员 5	
D 小组成员 1	投资者 5		投资者 5		
F 小组成员 1			B 小组成员 1		

根据表 1-1，按照上述小组内各成员的排序原则，各小组内各成员从高至低的排序为：

A 小组——成员 1、成员 2、成员 3、成员 4、成员 5

B 小组——成员 1、成员 2、成员 3、成员 4、成员 5

C 小组——成员 1、成员 2、成员 3、成员 4、成员 5

D 小组——成员 1、成员 2、成员 3、成员 4、成员 5

E 小组——成员 1、成员 2、成员 3、成员 4、成员 5

F 小组——成员 1、成员 2、成员 3、成员 4、成员 5

但是，以上小组内的排序原则还需有一个附加条件：对于在模拟结束前明确了组内成员相互之间股权占比的（对于虽然明确了各自的股权占比但其股权是在组内成员之间平均分配的情况不在此附加条件之列），如果其小组获得的一次性投资总额位于平均水平之上（包括平均水平），组内股权占比最多的两位成员，无论其个人在一次性投资中的结果如何，其在小组内的排序根据两人在组内股权占比大小先后都在组内所有其他成员之前；对于在模拟结束前没有明确组内成员相互之间股权占比的，其小组成员在组内排序并列。

以上两部分标准可以确定所有小组的所有成员在本模拟中的综合排序。

2. 自由人的排序

对于离开所在小组而成为自由人者，仍归于原先所在的小组内进行排序。如果自己原先所在的小组排序在所有小组平均水平之上（包括平均水平），则按照上述小组内成员的排序原则，比较该自由人相对于原先所在小组内其他成员的一次性投资情况来确定其在组内的排序；如果自己原先所在的小组排序在所有小组平均水平之下（不包括平均水平），则按照上述小组内成员的排序原则，比较该自由人相对于原先所在小组内其他成员的一次性投资情况，如果在该排序原则下，该自由人为原先所在小组内成绩最佳者（或并列最佳者），则其最终排序在小组内的中间位置，否则最终排序在小组内的最后位置。如果该自由人原先所在小组因为该自由人的离开而自行解散的，其在模拟中的最终排序排在原先所在小组的全部创始成员最终排序的平均水平的随后位置。

3. 投资者的排序

以每个小组在最后阶段获得的一次性投资总额为基数，然后对照每个投资者各自在不同小组中最终的股权占比情况（百分数），两者相乘，算出每个投资者的投资收益情况（见下述示例）。

例：投资者投资收益情况计算办法

假设共有 3 个小组，各种投资结果如表 1-2 所示。A 投资者在小组 1 的收益为 $a\% \cdot x$，在小组 2 的收益为 $c\% \cdot y$，在小组 3 的收益为 $e\% \cdot z$，则 A 投资者的投资收益为 $a\% \cdot x + c\% \cdot y + e\% \cdot z$；另一个投资者 B 的投资收益则为 $b\% \cdot x + d\% \cdot y + f\% \cdot z$。如果 $(a\% \cdot x + c\% \cdot y + e\% \cdot z) > (b\% \cdot x + d\% \cdot y + f\% \cdot z)$，则 A 投资者的投资收益大于 B 投资者；如果上述两数相等，则这两个投资者的投资收益相等，投资结果并列。根据该收益大小来依次确定投资者的排序，然后对照各小组之间的排序情况，从而再确定投资者在所有人员中的最终排序。具体办法为：投资者中排序最先者排列在排序第一的小组的内部所有成员的中间位置，投资者中排序第二者排列在排序第二的小组的内部所有成员的中间位置，依此类推，直到确定了所有投资者的最终排序。当投资者人数多于小组数时，按小组数排序完对应的投资者之后，剩余投资者在模拟中所有人员的最终排序，均按各自的投资收益情况依次直接排在已排序完的投资者的随后位置。

表 1-2 投资结果汇总

小组 1				
各投资者在小组 1 所占股权比例	A 投资者 $a\%$	B 投资者 $b\%$	………	………
小组 1 所吸纳的一次性投资总额为 x				
小组 2				
各投资者在小组 2 所占股权比例	A 投资者 $c\%$	B 投资者 $d\%$	………	………
小组 2 所吸纳的一次性投资总额为 y				
小组 3				
各投资者在小组 2 所占股权比例	A 投资者 $e\%$	B 投资者 $f\%$	………	………
小组 3 所吸纳的一次性投资总额为 z				

组织创立模拟小结

本模拟计划12—13课时,用以安排所有环节均在课堂上进行,也可以参照前文的具体介绍,将其中可以由学生在课堂外自主进行的环节(计划6课时)与需要在课堂上进行的环节穿插安排。

本模拟成绩的评定只是从一个侧面反映了参与者的实际操作能力。众所周知,任何模拟只是对现实操作的一种简化与提炼,参与者在模拟过程中的感受、感悟、体会也应是模拟练习所重视的,因此,从提升学习效果角度而言,在模拟结束后,可以增加不同角色(投资人、不同小组及其成员)对于模拟的理解、模拟中的操作思路与心得等方面的介绍环节。

本模拟并未特别规定各小组内的成员所应扮演的某种具体角色,成员在模拟结束时所呈现的组内结果是随模拟进行演化出来的,一定程度上客观地反映了成员各自的特点与参与情况。

第二部分

组织成长情境模拟

本模拟流程如图 2-1 所示。

本模拟可以用来让学生感受组织成长过程以及该过程中可能出现的主要组织问题，例如成长阶段、机构设置与变动、人员调配与变动、内部管理及运作机制、组织文化、领导等相关议题。

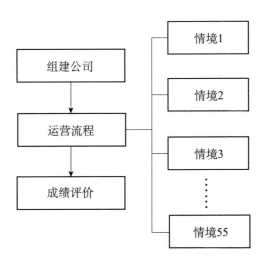

图 2-1 组织成长情况模拟流程示意图

一、情况介绍与模拟准备

由所有模拟参与者组建一家公司，在模拟开始时共同成为该家公司的普通员工（注：留出一名人员作为编外人员，开始阶段只旁观，到模拟进行一小部分的时候，作为从外部聘请的人员进入公司担任部门经理）。如果参与者较多，可按照上述原则同时分别组建一家以上的独立公司，同时分别展开模拟。图 2-2 展示了本模拟各种情境中所出现的部门或角色。

在公司成员中，按照特定程序（例如自荐、演讲、投票等），选拔或确定一位成员在模拟的整个过程中担任该公司总经理。

二、模拟的主要规则

1. 除总经理之外所有人员的模拟成绩评价规则分两种情况。

（1）仅一家公司模拟时，按模拟结束时职位的高低与威望值多少进行评价。具体办法是同时综合考虑以下三条标准：

◆ 模拟结束时，同一级别的模拟参与者按其得到的威望值多少进行评价，威望值多者优于威望值少者；不同级别的模拟参与者按职务高低进行评价，职务级别高的优于职务级别低的。

◆ 模拟结束时，在每一职务级别（普通员工级别除外）中，所有模拟参与者中的威望值最少者，将不参加该级别的成

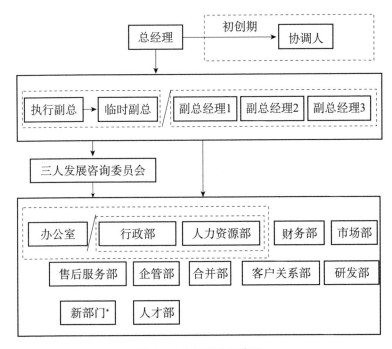

图 2-2　组织架构示意图

* 注：图中的部门是指随模拟进行而可能出现的部门，并非一开始以及始终存在的部门；"新部门"根据模拟结果，可能出现，也可能不出现。

绩评价，而是被降低一级职务，在该低职务级别上按照威望值多少与其他参与者一起进行成绩评价。在每一职务级别（副总经理级别除外）中，所有模拟参与者中的威望值最多者，将不参加该级别的成绩评价，而是被升任高一级职务，在该高职务级别上按照威望值多少与其他参与者一起进行成绩评价。

◆ 模拟结束时，同一职务级别的所有人员（包括上述升降职人员）如果威望值相同，则并列排序。

（2）若几家公司同时模拟，则按以下标准进行评价：

所有公司按上述标准对其内部所有参与人员进行内部排序。然后，对所有公司同一职务级别的所有人员（包括升降职人员），综合在一起按威望值多少进行排序，威望值多者的表现优于威望值少者。如果其中有威望值相同的参与者，则再结合模拟较后阶段每家公司从其他公司吸引人才的情况来进行评价，具体如下：

各个公司对吸引进来的人才中的级别最高者进行比较，级别越高的公司，其员工在同等级别（包括升降职人员）、同样威望值数量情况下的成绩，优于其他公司的员工；如果所吸引人才的最高职务级别相同，则再比较该级别中吸引人才的数量，数量多的公司，其员工在同等级别（包括升降职人员）、同样威望值数量情况下的成绩，优于其他公司的员工。

如果上述均相同，则再相互比较所吸引人才的次高级别，按上述原则进行不同公司员工的排序，依次类推。

如果所吸引人才各个级别均相同，且各级别上吸引人才的数量也均相同，则相互比较公司总经理为吸引人才所支付的威望值总数，支付的威望值总数越少的公司，员工在同等级别（包括升降职人员）、同样威望值数量情况下的成绩，优于其他公司的员工。

如果有的公司吸引了人才，而别的公司没有吸引人才，则前者的员工在同等级别（包括升降职人员）、同样威望值数量情况下的成绩优于后者；如果上述均相同或均没有吸引到人才，则在同等级别（包括升降职人员）、同样威望值数量情况下，不同公司员工的成绩并列。

2. 对总经理的模拟成绩评价规则是：

无论是一家公司的模拟，还是几家公司同时分别模拟，在模拟最后阶段，统计所有人员的辞职申请数量。凡是公司内部任何级别的辞职申请数量达到或超过模拟结束时该级别人员数的一半时，总经理的成绩评价为所有模拟者的中间位置；如果没有达到一半时，则排在所有模拟者的最前面。当不同公司总经理同时排在中间或最前面时，统计所有人员的辞职申请数量，辞职数量少的公司总经理，其成绩优于其他公司的总经理；如果辞职数量相同，则并列。

3. 不同级别的角色对应的威望值规则如下：

普通员工的威望值等级设定为 0；部门经理的威望值自动赋予为 4 个；发展咨询委员（除非在模拟中的某些具体情境中特别说明的，否则委员只是一种荣誉性身份，不属于公司内部的职务级别）的威望值自动赋予为 3 个；副总经理的威望值自动赋予为 6 个；执行副总经理的威望值自动赋予为

8个。

除特殊职位以及特别说明外,在整个模拟中,每个人每次职位变化时,其个人威望值的增减标准是:

从普通员工到部门经理——在原有基础上(普通员工等级)增加4个;

从部门经理到普通员工——在原有基础上(部门经理等级)减少4个;

从部门经理到副总经理——在原有基础上(部门经理等级)增加2个;

从副总经理到部门经理——在原有基础上(副总经理等级)减少2个。

依此类推,即每次晋级或降级时,只增加或减少级别之间对应的威望值的差额部分,这也就等于说,不论是被晋级或被降级,被晋级者或被降级者要将原级别对应的威望值自动减去,然后再按新级别对应的威望值增减。当然,平级变动者不增减威望值。

新兼任职务者,除保留原职务对应的威望值外,还将额外得到所兼任的职务对应的威望值,如将某部门经理(对应的威望值为4个)提拔为副总经理(对应的威望值为6个)并同时身兼原职时,则此人不仅仍然保留原来职务对应的威望值(4个)外,还将额外增加6个威望值。当然,如果此人后来又被免去副总经理职务,但还担任部门经理职务时,将被扣减副总经理对应的威望值(6个),但仍然保留部门经理对应的威望值(4个)。

4. 威望值的多少是评价公司员工的重要指标之一，除了在模拟中因为担任某个职务而获得该职务所自动赋予的威望值之外，公司员工还有多种条件、多种方式增加或者被减少各自的威望值。

5. 模拟中个人的威望值可以为负数，该人员身背负威望值继续参与模拟。

6. 在整个模拟过程中，部门与职位的增设和削减、人员情况的变动（晋级、降级、兼任、被表彰、获称号等）、部门名称与人员名称等，都应随时记录下来，因为后续的模拟要在此基础上继续展开。

7. 参与人员在晋级、降级、兼任、以某种特定称号被表彰（不包括单纯的威望值增加）方面的变动信息需要随时向公司内部所有人员公布，随之带来的威望值变动情况也要相应进行公布。除了上述情况的其他威望值变动均可以匿名进行，但需按照要求分三个阶段（参见后面的具体情境）公布所有人员每人全部的威望值信息。

8. 为了增加模拟过程的随机性与不可操控性，可以在模拟中：

将情境 4 与情境 5 及情境 6、情境 8 与情境 9、情境 13 与情境 14、情境 15 与情境 16、情境 18 与情境 19 这五组情境之间的模拟顺序进行随机调换，或者随机删除情境 8 与情境 9、情境 13 与情境 14、情境 15 与情境 16、情境 18 与情境 19 这四组情境中的任何一组或任何两组。

同时（或者），将情境 29 与情境 30、情境 34 与情境 35、情境 38 与情境 39 这三组情境之间的模拟顺序进行随机调换，或者随机删除情境 29 与情境 30、情境 34 与情境 35、情境 38 与情境 39 这三组情境中的任何一组或任何两组。

同时（或者），将情境 44 与情境 45、情境 48 与情境 49 这两组情境之间的顺序进行随机调换，或者随机删除情境 44 与情境 45、情境 48 与情境 49 这两组情境中的任何一组。

9. 在模拟进行中，无论是什么角色（除总经理、执行副总经理等），都具有随时与模拟公司的直接经营管理决策者进行交流与沟通，以及向其提出建议或意见、反映问题的权利。

10. 本模拟包含了一系列模拟情境，在实际的模拟中，可以结合不同的具体情况，对其中的情境及其内容、顺序等进行修改、调整或增减。

三、模拟开展

以下是模拟展开的一系列具体情境，这些情境初步刻画了公司发展过程中的一些粗略信息与活动进展，模拟的整个过程是围绕这些情境展开的，可以依照顺序与提示来实际操作。

情境 1　盈余去向

总经理心路历程：

"公司成立之后，发展得不错，但最近也有一些事情让我有点烦心，其中便包括了对公司未来发展策略的思考。眼下有两个思考：一是给公司员工加薪与奖励（以威望值来代表，威望值越多代表着激励越大），让所有员工分享公司成功发展的成果，将他们与公司更加紧密地捆绑在一起，激发他们更加努力地为公司打拼，为公司进一步发展奠定坚实的人力基础。二是相对于竞争者，公司目前的竞争力并不占优势，因此，为公司长久发展计，暂且不考虑给员工加薪与奖励，而将公司盈余转为新的投资，从而进一步将公司做大、做强、做实，在今后适当时机再考虑员工薪酬与工作回报问题。经过一段时间的思考，我拟敲定后一种发展思路。"

——由总经理结合上述心路历程向所有员工介绍情况。

总经理心路历程：

"考虑到为后续相关工作提供借鉴，在发展思路正式公布之前，我需要了解一下公司所有成员的心态，因此，我决定还是让大家每人投一次票，来看看他们的意见，当然，我也可以借此看看公司员工对我工作的支持情况。"

——由总经理结合上述心路历程向大家介绍构思中的那两个思路，并解释自己为什么拟选择后一个，并做说服工作。

——让所有员工匿名投票选择对后一种思路"支持"还是"反对"。（注：投票及投票结果仅为总经理评估之用，并

非作为强制其确定哪一种思路的依据)

——投票后由总经理宣布公司拟选择后一种思路。（注：投票结果是否公布，以及是否全部公布、以何种方式公布等，由总经理自行决定）

情境2　选拔协调人

总经理心路历程：

"随着公司业务的日益繁忙，我经常外出公干。当我不在公司的时候，虽然公司人员可以随时通过不同方式与我保持联系，请示工作，但是，这并不能完全解决问题。例如，当有客人来访时，公司需要有人出面接待，有时还会有一些日常事务需要有人来负责组织、开展与处理。因此，我需要在公司内部暂时指定一位协调人，以便使公司运转得井然有序。"

——由总经理结合上述心路历程向大家解释说明情况，并且公布确定谁担任协调人。（注：担任协调人者依此可以获得2个威望值）

情境3 考核协调人

总经理心路历程：

"最近不断接到公司内部人员的反映，说我指定的协调人工作不力，这让我很是为难。我该怎样处置他（她）呢？我只能从以下三个方案中选择一个：（1）扣除其1个威望值，但仍然担任协调人；（2）扣除其全部2个威望值，但仍然担任协调人；（3）让其成为普通员工，当然，相应减去其以协调人身份获得的2个威望值，同时再重新确定一个新的协调人，新的协调人相应增加2个威望值。我需要就此三个方案与员工商讨，看看大家对这三个不同方案的倾向，虽然我可以参考员工的意见，但这仅是参考，并不一定会影响我的最终决策，因此，最终的决策完全由我自己做出。"

——由总经理结合上述心路历程向所有人员介绍情况。

——让所有人员匿名投票选择哪种方案。（注：投票及投票结果仅为总经理评估情况做参考之用，并非作为强制其选择哪个方案的依据）

——投票后由总经理宣布公司采取哪一种方案并做相应合理的解释（投票结果是否以及是否全部公布、以何种方式公布等，由总经理自行决定）。（注：如果存在个人威望值变动的情况则相应进行变动）

情境 4　提拔部门经理

在此处，公司内部流传着一些关于公司发展的重要消息，但具体是什么重要消息并不确定，该消息的具体情况只有少部分人才能掌握。

给出一叠卡片，卡片上写着"是"或"否"，其中"是"的卡片数量为 2 张。卡片不做标记，由所有员工随机抽取，抽取到"是"卡片的员工，将获知该真实消息，抽取到"否"卡片的员工，将不能获知该消息。

随后，给抽取到"是"卡片的 2 名员工每人一张同样的卡片，这两张卡片上分别写着同样的内容："公司将要在内部提拔一些人员担任部门经理，请你思考一下，决定是否采取行动，去与总经理进行个人沟通，以便其将你列为考虑人选之一。"

——由掌握消息的员工自行决定是否需要与总经理进行沟通，如果需要，则分别单独进行沟通，沟通后模拟转至下一步；如果不需要，则模拟直接转至下一步。

情境 5　三个新部门

总经理心路历程：

"目前，公司的规模扩大了，市场也得到了稳定的拓展，整体上已经走向良好的发展轨道。可以说，公司的发展态势喜人。不过，公司以前过于关注初期成长性了，而在内部管理方面没有投入太多精力，现在该考虑一下公司的内部管理问题了。由于在前期，我只是让几个人来非正式地负责不同方面的工作，并未在公司中成立正式的部门，现在，为了加强管理，我决定在公司内部正式成立财务部、市场部、公司办公室，拟提拔公司内部人员担任这三个部门的经理。与此同时，此前的协调人职位取消，该协调人变为普通员工，但不扣除该协调人的个人威望值，当然，该协调人也可以重新被任命为部门经理。三个部门必须由不同的人员担任经理，不得相互兼任，当然，总经理也不能兼任。"

——由总经理结合上述心路历程向所有人员介绍情况。

——现场可让有意愿的所有人员介绍自己并争取机会。

——由总经理宣布："经过慎重考虑，我决定任命的 3 个部门经理人选是这样的：……"（注：人员职务及其职务所赋予的个人威望值随之相应变化）

情境6　拆分办公室

总经理心路历程：

"公司规模越来越大，管理也日趋庞杂了，根据公司的发展需要，我决定将公司办公室拆分为行政部与人力资源部。之所以这样做，一是为了完善管理，二是需要人力资源部加强绩效考核、员工福利设计以及员工个人发展等工作。在此时，这两个新部门的经理不能由一个人兼任。当然，总经理也不能兼任。"

——由总经理结合上述心路历程向所有人员介绍情况。

——由总经理宣布："经过慎重考虑，我决定正式撤销公司办公室，成立行政部与人力资源部。与此同时，决定任命的行政部经理是×××，人力资源部经理是×××。"（注：人员职务及其因职务所赋予的个人威望值随之相应变化）

情境7　优秀员工

总经理心路历程：

"经过公司全体人员的齐心协力，公司业务蒸蒸日上，为了进一步提振精神，特决定在公司内部选举一名优秀员工加以表彰。公司除总经理外的所有人员均可投票并推举一名人员（除总经理外），不能投弃权票。当然，毛遂自荐也可以。我将发挥民主精神，严格按照投票结果表彰嘉奖。得票数相同时，由我在其中确定一位。优秀员工将增加2个威望值。"

——由总经理结合上述心路历程向所有人员介绍情况。

——让所有人员匿名投票推选优秀员工，并统计投票结果。

——由总经理宣布："根据投票结果，此次受表彰的优秀员工是×××。"（注：个人威望值随之相应变化）

情境 8　成立新部门

在此处，公司内部流传着一些关于公司发展的重要消息，但具体是什么重要消息并不确定，该消息的具体情况只有少部分人才能掌握。

给出一叠卡片，卡片上写着"是"或"否"，其中"是"的卡片数量为 2 张，卡片不做标记，由所有普通员工随机抽取。抽取到"是"卡片的普通员工，将获知该真实消息，抽取到"否"卡片的普通员工，将不能获知该消息。

随后，给抽取到"是"卡片的 2 名普通员工每人一张同样的卡片，这两张卡片上分别写着同样的内容："公司将要设立一个新的部门了，总经理正在物色一名部门经理，请你思考一下，决定是否采取行动去与总经理进行个人沟通，以便其将你列为考虑人选之一。"

——由掌握消息的普通员工自行决定是否需要与总经理进行沟通，如果需要，则分别单独进行沟通，沟通后模拟转至下一步；如果不需要，则模拟直接转至下一步。

情境9　售后服务部

总经理心路历程：

"为了应对日益激烈的市场竞争，提升公司形象，培育客户对公司的忠诚感，公司特决定正式设立一个新的部门——售后服务部，全面负责公司的售后服务工作，部门经理不能兼任。我已在普通员工中物色到一位合适的人选。"

——由总经理结合上述心路历程向所有人员介绍情况。

——现场可让有意愿的所有人员介绍自己并争取机会。

——由总经理宣布："我决定任命的售后服务部经理是××。"（注：人员职务及其因职务所赋予的个人威望值随之相应变化）

情境 10　提高待遇

总经理心路历程：

"公司发展到今天，已是市场中的佼佼者了，为了稳定军心，也为了兑现早前承诺的在合适时机提高员工待遇，现在该考虑给普通员工及管理者（不包括总经理）一定的激励了（以威望值增加来体现）。我决定，目前先开展第一阶段的激励，这次公司总共可以拿出 10 个威望值来做奖励，我可以将这 10 个威望值全部都奖励出去，也可以只奖励其中的一部分，没有奖励出去而剩余的威望值则会作废。"

——由总经理结合上述心路历程向所有人员介绍情况。

——由总经理宣布："我决定所有人员的激励方案是……"（注：个人威望值随之相应变化）

情境11　空降人才

总经理心路历程：

"公司为了进一步提升管理水平，拟成立一个新的部门——企管部。由于公司内部没有合适的人选担任此部门经理，我决定从外部招聘一位人员来公司担任企管部经理。担任此职位的人员，其威望值为目前公司内同级别人员威望值的平均值。平均值如果为非整数，则四舍五入进行取整。威望值中包含了部门经理职务所赋予的4个职务威望值，如果其此后不再担任部门经理，则相应减去这4个威望值，此时多余的威望值仍将算作其个人的威望值，如果届时不够4个威望值，则其个人的威望值就为负数。"

——由总经理结合上述心路历程向所有人员介绍情况。

——由总经理将模拟开始时的编外人员引入公司。（注：对于新入职的人员，其职务与个人威望值随之相应变化）

情境 12　并购工作

总经理心路历程：

"我公司现在需要考虑进一步扩大市场，经过一段时间的酝酿，现在决定并购另一家公司。并购工作由我公司主导，但是，我公司必须在现有部门经理职位中留出一个，用来安排新并购进来的公司人员。该部门原来的经理则自动被降为普通员工，并被扣除因其担任部门经理而赋予的 4 个威望值。此职位留出后，在整个模拟中，该部门都将消失（简化等同于安排给被并购公司的人员），不会再从本公司内部选拔人员担任该部门经理了。"

——由总经理结合上述心路历程向所有人员介绍情况。

——由总经理宣布："我决定为此次并购工作留出的部门经理职位是……"（注：删去该部门；人员职务及其因职务所赋予的个人威望值随之相应变化）

情境13　部门合并前

在此处，公司内部流传着一些关于公司发展的重要消息，但具体是什么重要消息并不确定，该消息的具体情况只有少部分人才能掌握。

给出一叠卡片，卡片上写着"是"或"否"，其中"是"的卡片数量为1张。卡片不做标记，由所有部门经理随机抽取，抽取到"是"卡片的部门经理，将获知该真实消息，抽取到"否"卡片的部门经理，将不能获知该消息。

随后，给抽取到"是"卡片的该名部门经理另一张卡片，这张卡片上写着这样的内容："公司将要合并两个部门为一个新的部门，请你思考一下，决定是否采取行动去与总经理进行个人沟通，以便其将你列为照顾对象之一。"

——由掌握消息的部门经理自行决定是否需要与总经理进行沟通，如果需要，则分别单独进行沟通，沟通后模拟转至下一步；如果不需要，则模拟直接转至下一步。

情境14　合并部成立

总经理心路历程：

"公司目前机构有些繁杂，管理成本较高，我拟在公司内部选择两个部门进行合并。合并后的部门新名称为'合并部'，原先两个部门都将消失，名称不予保留。同时，原先两个部门的经理只能有一人留职，另一人将降级为普通员工，失去其部门经理职务及对应的4个威望值。但是，为了嘉奖其对公司的贡献，我可另外奖励其2个威望值。"

——由总经理结合上述心路历程向所有人员介绍情况。

——由总经理宣布："我决定×××和×××进行合并，同时，合并部的部门经理是×××。"（注：删去原先两个部门的名称；人员职务及个人威望值随之相应变化）

情境15　客户关系部组建前

在此处，公司内部流传着一些关于公司发展的重要消息，但具体是什么重要消息并不确定，该消息的具体情况只有少部分人才能掌握。

给出一叠卡片，卡片上写着"是"或"否"，其中"是"的卡片数量仅为1张。卡片不做标记，由所有普通员工随机抽取，抽取到"是"卡片的普通员工，将获知该真实消息，抽取到"否"卡片的普通员工，将不能获知该消息。

随后，给抽取到"是"卡片的该名普通员工一张卡片，这张卡片上写着这样的内容："公司将要设立一个新的部门了，总经理正在物色一名部门经理，请你思考一下，决定是否采取行动去与总经理进行个人沟通，以便其将你列为考虑人选之一。"

——由掌握消息的普通员工自行决定是否需要与总经理进行沟通，如果需要，则单独进行沟通，沟通后模拟转至下一步；如果不需要，则模拟直接转至下一步。

情境16 客户关系部成立

总经理心路历程：

"公司在市场开发中止步不前，结合目前发展状况，我决定在公司内部设立一个新的部门——客户关系部，专门负责客户分析与挖潜等工作，该职位不能兼任。"

——由总经理结合上述心路历程向所有人员介绍情况。

——现场可让有意愿的所有人员介绍自己并争取机会。

——由总经理宣布："我决定公司的客户关系部经理人选为×××。"（注：人员职务及其因职务所赋予的个人威望值随之相应变化）

情境 17　基层意见

总经理心路历程：

"为了体现公司管理的民主作风，我决定听取一下基层的呼声与意见，现在请普通员工对所有部门经理进行评价，我可以给普通员工以下权力：他们可以共同协商出一个削减部门经理威望值的方案，在该方案中，可以给最多不超过 2 位部门经理削减威望值，但每个经理被削减的威望值不超过 2 个。当然，他们也可以决定不给任何经理削减。只要不违反上述规则，普通员工这次提出的具体方案我会完全接受并实施。与此同时，公司还可以拿出 12 个和 8 个威望值用来分别奖励部门经理和普通员工，普通员工的奖励分配方案由普通员工集体自行商议，部门经理的奖励分配方案由部门经理集体自行商议……当然，他们自己也可以放弃奖励权，也可以将多余没有分配出去的威望值交还给我。"

——由总经理结合上述心路历程向所有人员介绍情况。

——由总经理宣布上述民主协商的结果并加以实施。

（注：如果存在个人威望值变动的情况则相应进行变动）

情境 18　研发部组建前

在此处，公司内部流传着一些关于公司发展的重要消息，但具体是什么重要消息并不确定，该消息的具体情况只有少部分人才能掌握。

给出一叠卡片，卡片上写着"是"或"否"，其中"是"的卡片数量仅为 1 张。卡片不做标记，由所有普通员工随机抽取，抽取到"是"卡片的普通员工，将获知该真实消息，抽取到"否"卡片的普通员工，将不能获知该消息。

随后，给抽取到"是"卡片的该名普通员工一张卡片，这张卡片上写着这样的内容："公司将要设立一个新的部门了，总经理正在物色一名部门经理，请你思考一下，决策是否采取行动，去与总经理进行个人沟通，以便其将你列为考虑人选之一。"

——由掌握消息的普通员工自行决定是否需要与总经理进行沟通，如果需要，则单独进行沟通，沟通后模拟转至下一步；如果不需要，则模拟直接转至下一步。

情境 19　研发部成立

总经理心路历程：

"创新是公司立足市场以及长期稳定发展的重要动力，为了公司长久发展，我决定在公司内部设立一个新的部门——研发部，全权负责公司新产品与新技术的研发以及商业化事务。为此，我需要在普通员工中物色一位研发部经理。"

——由总经理结合上述心路历程向所有人员介绍情况。

——现场可让有意愿的所有人员介绍自己并争取机会。

——由总经理宣布："我决定公司的研发部经理人选为××。"（注：人员职务及其因职务所赋予的个人威望值随之相应变化）

情境 20　矛盾解决方案

总经理心路历程：

"现在公司内部矛盾陡增，有管理层内部之间的矛盾，也有员工与管理层之间的矛盾。尤其值得关注的是，员工对管理层管理能力的质疑日益凸显，已到了不得不关注的地步。为了体现对下层民意的重视，由普通员工共同商议（如不能达成一致意见，则由其匿名投票，不能投弃权票），在我给出的以下两个方案中选择一个方案实施：方案一是由公司给所有普通员工总共15个威望值的增加额度，至于他们之间如何分配，由其自行商讨决定，多余没有分配出去的威望值需要交还给我；方案二是给每个部门经理减少1个威望值。上述方案选择完全由普通员工自主商讨或匿名投票（如果选择的是方案一时，具体实施办法则必须由他们共同协商，不能投票），我以及其他管理者不得干预或做出暗示，对于普通员工选择出的方案以及具体实施办法，我会照单实施（对于得票数一样的情况，由我在其中确定一个）。"

——由总经理结合上述心路历程向所有人员介绍情况。

——由总经理宣布确定的方案，以及该方案中的具体分配办法。（注：个人威望值随之相应变化）

情境 21　中层激励

总经理心路历程：

"公司的发展离不开中层人员的辛勤工作与激情投入。公司目前积累的资源还算充裕，我拟给全体部门经理普遍进行激励，给每个经理都分别增加 3 个威望值作为激励体现。"

——由总经理结合上述心路历程向所有人员介绍情况并宣布激励措施。（注：个人威望值随之相应变化）

情境 22　执行副总经理选拔前

在此处，公司内部流传着一些关于公司发展的非常重要的消息，但具体是什么重要消息并不确定，该消息的具体情况只有少部分人才能掌握。

给出一叠卡片，卡片上写着"是"或"否"，其中"是"的卡片数量为 2 张。卡片不做标记，由所有员工随机抽取，抽取到"是"卡片的员工，将获知该真实消息，抽取到"否"卡片的员工，将不能获知该消息。

随后，给抽取到"是"卡片的 2 名员工每人一张同样的卡片，这两张卡片上分别写着同样的内容："公司将要任命一名执行副总经理，该职位在设置期间，除非特别说明的情境，总经理将不过问公司的具体经营管理工作，而将由其全权负责，担任执行副总经理不仅是一种荣耀，也是一种责任，你将在后面有机会增加个人的威望值，当然，也有可能因为管理问题而被减少个人的威望值；请你思考一下，决定是否采取行动去与总经理进行个人沟通，以便其将你列为考虑人选之一。"

——由掌握消息的员工自行决定是否需要与总经理进行沟通，如果需要，则分别单独进行沟通，沟通后模拟转至下一步；如果不需要，则模拟直接转至下一步。

情境 23　执行副总经理的选拔

总经理心路历程：

"公司规模发展得比较大了，公司的事业算是比较成功了，由于我的精力有限，为了集中精力思考公司今后的发展大计，也为了公司的可持续发展，公司需要设立一个新的职位——执行副总经理，由其来全权负责公司的具体经营管理工作。在该执行副总经理在任期间，除非特别说明的情境，我暂时仅作为旁观者不参与任何决策，公司所有事务均由其操办。我决定让全体人员来匿名投票推选执行副总经理一名，不能投弃权票，当然，他们也可以在投票单上毛遂自荐。我将综合投票结果以及我自己的思考，公布执行副总经理的人选。执行副总经理可以直接从普通员工中选拔，也可以从部门经理中选拔。如果从部门经理中选拔时，我可以决定让其兼任原来部门的经理，也可以不让其兼任；如果不让其兼任，我必须从普通员工中再同时选拔一位担任该部门的经理。"

——由总经理结合上述心路历程向所有人员介绍情况。

——现场可让有意愿的所有人员介绍自己并争取机会。

——由大家投票并统计结果。（注：投票结果是否公布以及是否全部公布、以何种方式公布等由总经理自行决定）

——由总经理宣布："公司的执行副总经理人选为×××。"（注：人员职务及其因职务所赋予的个人威望值随之相应变化。如果是部门经理提拔上来且不兼任的，还需相应宣布该部门新的经理人选；如果是兼职的话，两个职务各自所赋予的威望值之和便是兼任职务所赋予的威望值）

情境 24 民主商讨

总经理心路历程：

"在我将公司经营管理的具体工作交由执行副总经理负责时，公司内部人员对其个人在公司内部的发展抱有疑惑，这影响到了公司的稳定。具体表现是，他们（不包括执行副总经理）在一起相互商议个人问题。考虑到大家的需要，我拟让他们不受限制地在一起商讨，是否需要公司做出相应的激励。如果商讨的结果是需要，我可以拿出一定的威望值，来对他们（不包括执行副总经理）进行奖励，以鼓励他们继续对公司的长远发展倾心付出。考虑到公司目前的资源基础，我不可能对所有人员进行奖励，因为我这次拿出的威望值总数不超过 6 个；如果商讨的结果是不需要，则不做任何奖励。"

——由总经理结合上述心路历程向所有人员介绍情况。

——由所有人员（不包括总经理与执行副总经理）在一起民主商讨，决定是否需要进行奖励。

——由总经理按照商讨结果执行相应的方案（注：个人威望值随之相应变化，如果有的话）。

INSERT

此时公布所有人员的全部威望值数量信息。

从此往下的一段时间内,公司改由执行副总经理而不是总经理进行具体决策了,除非特别说明的情境,总经理暂时仅作为旁观者不参与任何活动。

情境 25　整顿中层

执行副总经理的心路历程:

"公司新近发展势头良好,竞争力日趋提升,但是,各种现象显示,公司内部的骄傲情绪日涨,管理效率下降。最近经常听到员工与管理者对公司内部管理混乱的抱怨,需要由部门经理层对此负责,因此我决定对部门经理层进行整顿,削减部门经理的威望值以起警示作用。至于如何削减、给谁削减、是否均等削减等,需要我设计出具体的方案。方案要保证这次所削减的威望值总数不少于2个、不多于6个,且每个被警示的经理每人被削减的威望值不超过2个。除此之外,我也可以削减自己的威望值。"

——由执行副总经理结合上述心路历程向所有人员介绍情况。

——由执行副总经理宣布:"我制订的方案为……"(注:个人威望值随之相应变化)

情境 26　工作积极分子

执行副总经理的心路历程：

"为了建设良好的公司文化，引导员工的行为方向，现在公司决定在普通员工中表彰 2 名工作积极分子。每个受表彰者增加 2 个威望值，由公司内所有人员（除总经理、执行副总经理）进行匿名投票提名，不能投弃权票。当然，普通员工在投票单上也可以毛遂自荐。投票结果汇总后，由我参考投票结果，决定给予哪 2 名普通员工以'工作积极分子'的称号。"

——由执行副总经理结合上述心路历程向所有人员介绍情况。

——由大家投票并统计结果（注：投票结果是否公布，以及是否全部公布、以何种方式公布等，由执行副总经理自行决定）。

——由执行副总经理宣布："工作积极分子的称号授予×××和×××。"（注：个人威望值随之相应变化）

情境 27　公司发展大会

执行副总经理的心路历程：

"自上任以来，我对公司发展现状进行了调研，现在决定召开公司大会（总经理不参加），商讨公司发展大计。对于公司发展，我的看法是：公司无论如何发展，都必须坚持以人为本，离开各级人员的有力执行，所有发展战略的实施都是无本之木，难以落到实处。基于这一认识，大家可以向我提出有关其个人在公司内发展的看法。当然，他们也可以谈谈自己的不满，如果有什么不满，我权衡一下能否消解（在这里，公司最多可以拿出来 3 个威望值额度，由我来灵活支配，以激励现有人员、消解不满）。"

——由执行副总经理结合上述心路历程向所有人员介绍情况。

——由执行副总经理公布自己的措施。（注：如果存在个人威望值变动的情况则相应进行变动）

情境 28　涨薪方案

执行副总经理的心路历程：

"为了提振员工士气，提升管理效率，体察下情，公司决定对员工（除总经理）涨薪（体现为增加威望值）。我初步拟定了两个方案：公司为员工（包括我，不包括总经理）总共奖励的威望值之和为 12 个；公司为所有人员（包括我，不包括总经理）奖励的威望值之和为 15 个。两个方案将提交总经理在其中选择一个。"

——由执行副总经理结合上述心路历程向所有人员介绍情况。

——执行副总经理与总经理协商，并由后者在两个方案中选择一个方案，然后由执行副总经理进行方案公布。

执行副总经理的心路历程：

"不论总经理给出的是哪个方案，我必须依照该方案所设计的威望值总额，在所有人员（包括我自己）中进行具体分配。我可以将方案中给出的所有威望值都分配出去，也可以只分配出去一部分威望值，甚至一个也不分配。具体的分配办法（给谁分配以及给谁分配多少）完全由我一个人决策，不需和其他人员进行协商，不过，无论如何我给自己奖励的威望值不会超过 3 个。"

——由执行副总经理结合上述心路历程向所有人员介绍情况。

——执行副总经理制订出具体的分配方案并进行公布。

（注：如果存在个人威望值变动的情况则相应进行变动）

情境 29　临时副总选拔前

在此处，公司内部流传着一些关于公司发展的非常重要的消息，但具体是什么重要消息并不确定，该消息的具体情况只有少部分人才能掌握。

给出一叠卡片，卡片上写着"是"或"否"，其中"是"的卡片数量为 2 张。卡片不做标记，由所有员工随机抽取，抽取到"是"卡片的员工，将获知该真实消息，抽取到"否"卡片的员工，将不能获知该消息。

随后，给抽取到"是"卡片的 2 名员工每人一张同样的卡片，这两张卡片上分别写着同样的内容："执行副总经理将要任命一名主管业务的临时副总经理，谁担任这个临时副总职位，将可以按副总经理对应的职位标准增加其个人的威望值，但在模拟中不需承担具体的经营管理工作。请你思考一下，决定是否采取行动，去与执行副总经理进行个人沟通，以便其将你列为考虑人选之一。"

——由掌握消息的员工自行决定是否需要与执行副总经理进行沟通，如果需要，则分别单独进行沟通，沟通后模拟转至下一步；如果不需要，则模拟直接转至下一步。

情境 30　选拔临时副总

执行副总经理的心路历程.

"随着公司业务的日益庞杂，管理任务日趋繁重，根据公司发展现状，我拟设立一个主管业务的临时副总经理职位（该职位对应的职位威望值为 6 个）。临时的业务副总经理可直接从普通员工中或者从部门经理中选拔。从部门经理中选拔时，我可以决定让其兼任原来部门的经理，也可以不让其兼任，如果不让其兼任；我必须从普通员工中再同时选拔一位担任该部门的经理。"

——由执行副总经理结合上述心路历程向所有人员介绍情况。

——现场可让有意愿者的所有人员介绍自己并争取机会。

——由执行副总经理宣布："公司临时的业务副总经理人选为×××。"（注：人员职务及其因职务所赋予的个人威望值随之相应变化。如果是部门经理提拔上来且不兼任的，还需相应宣布该部门新的经理人选；如果是兼职的话，两个职务各自所赋予的威望值之和便是兼任职务所赋予的威望值）

情境 31　组织重构

执行副总经理的心路历程：

"公司运作中存在一定的官僚作风，变革势在必行。为此，我需要在公司内部进行组织机构的重组，所有的管理者（不包括我和总经理）都要重新上岗，具体做法是：所有人员（不包括我和总经理）匿名投票，每人需提名与目前管理团队人数相同数量的候选人，附上具体名单，不能投弃权票（注：在投票中不能指定谁上哪个岗，只能投票提名新的管理团队成员的人名）。我将汇总投票结果，得票多者优先选择职位（注：如果此前有兼任的岗位，此次也应由一个人兼任，其个人威望值也按兼任标准变化），直至职位选择完毕（注：各种表彰与荣誉称号只随初始个人，不做变动）。为了完全激发公司内部的活力，我将会客观地接受投票与选岗结果。"

——由执行副总经理结合上述心路历程向所有人员介绍情况。

——匿名投票并统计、宣布结果，然后进行职位选择。（注：人员职务及其因职务所赋予的个人威望值随之相应变化）

情境 32　再次激励

执行副总经理的心路历程：

"公司实力已相当雄厚了，但也存在着军心不稳、人才流失的可能性，现在该考虑给普通员工及管理者再进行一次激励了（以威望值增加来体现）。经过慎重考虑，我决定公司这次总共可以拿出 15 个威望值用来做激励，我可以将 15 个威望值都奖励出去，也可以只奖励其中的一部分，但剩余的威望值将作废。此外，为了体现一定的公平性，我给自己奖励的威望值不会超过 3 个。"

——由执行副总经理结合上述心路历程向所有人员介绍情况。

——由执行副总经理公布激励方案。（注：个人威望值随之相应变化）

情境 33　部门分级激励

执行副总经理的心路历程：

"最近总经理找我谈话指出，公司可以进一步对部门经理进行激励。他认为此次激励中应该为每个部门经理赋予管理权重，所有部门总共可分为一级部门和二级部门两个级别，并给出了此次激励中各个部门分属于哪一级的决定。他说，公司可以拿出 8 个威望值，论功行赏分发给各个部门经理（不包括我和临时副总经理，如果我们同时还兼任着某部门经理，则照样也不得参加此次奖励）。具体分配时应掌握的原则是：必须保证给一级部门的激励不少于二级，且必须将这 8 个威望值完全分配给各个部门经理。在上述原则下，具体如何分配这些威望值则由我来具体决策。"

——由执行副总经理结合上述心路历程向所有人员介绍情况。

——由总经理给执行副总经理确定出此次激励中各个部门的级别，并由执行副总经理进行公布。

——由执行副总经理公布具体的激励方案。（注：个人威望值随之相应变化）

情境 34　发展咨询委员会成立前

在此处，公司内部流传着一些关于公司发展的重要消息，但具体是什么重要消息并不确定，该消息的具体情况只有少部分人才能掌握。

给出一叠卡片，卡片上写着"是"或"否"，其中"是"的卡片数量仅为 1 张。卡片不做标记，由所有员工（不包括总经理）随机抽取，抽取到"是"卡片的员工，将获知该真实消息，抽取到"否"卡片的员工，将不能获知该消息。

随后，给抽取到"是"卡片的该名员工一张卡片，这张卡片上写着这样的内容："执行副总经理将成立公司发展咨询委员会，拟在公司中选拔人员进入该委员会。进入委员会担任委员将可以按对应的标准增加其个人的威望值，但在模拟中不需承担具体的经营管理工作。同时，除非在模拟中某些具体情境中特别说明的，否则委员只是一种荣誉性身份，不属于公司内部的职务级别。请你思考一下，决定是否采取行动，去与执行副总经理进行个人沟通，以便其将你列为考虑人选之一。"

——由掌握消息的员工自行决策是否需要与执行副总经理进行沟通，如果需要，则单独进行沟通，沟通后模拟转至下一步；如果不需要，则模拟直接转至下一步。

情境 35　三人发展咨询委员会

执行副总经理的心路历程：

"现在公司的管理工作非常庞杂，我觉得有必要在公司内部成立三人发展咨询委员会，我当然是三人发展咨询委员会成员之一，其他两人则需要另行确定。三人委员会的作用是为我管理公司发挥参谋咨询作用，因此不请总经理加入。我可以请公司所有成员匿名投票来推举另外两人，不能投弃权票。我可以参考（当然，也可以不参考）投票结果，自行决定另外两名人选。如果进入委员会的人此前还担任部门经理或临时业务副总经理，则继续兼任原职；如果进入委员会的人此前为普通员工，则此后他仍然是普通员工，只不过多了一个名誉身份——发展咨询委员。管理者兼任委员的，按兼职标准增加个人威望值3个；普通员工担任委员的，也增加3个威望值。"

——由执行副总经理结合上述心路历程向所有人员介绍情况。

——现场可让有意愿者的所有人员介绍自己并争取机会。

——投票后由执行副总经理大致介绍投票情况。（注：投票结果是否公布，以及是否全部公布、以何种方式公布等，由执行副总经理自行决定）

——由执行副总经理宣布："经过慎重考虑，公司的三人发展咨询委员会吸收以下两人×××和×××。"（注：个人威望值随之相应变化）

情境 36 削减管理层薪资

执行副总经理的心路历程：

"公司发展遇到了一定的困难，为了控制成本，需要削减管理层（不包括发展咨询委员会中的普通员工——如果存在这种情况的话）的薪资（以威望值来体现），我拟总共削减3个威望值。在具体方案中，我可以集中在一个人那里削减，也可以分散削减。我本人可不在被强制削减对象之列，但是，如果我愿意的话，也可以主动要求削减自己的威望值。"

——由执行副总经理结合上述心路历程向所有人员介绍情况。

——由执行副总经理制订威望值削减方案并执行。（注：个人威望值随之相应变化）

情境 37　周年庆典

执行副总经理的心路历程：

"经过若干年发展，公司取得了优异的成绩。为了进一步提振士气、突显公司价值，我拟在公司中展开周年庆典活动。庆典活动的一个重要内容是对员工（不包括总经理）进行表彰与激励（以增加威望值来代表）。此次表彰与激励尽量普及面广，但是，由于公司的资源限制，此次只能拿出18个威望值用来奖励。为体现不同人员的贡献，可以对不同人员有所差异。为此，我将听取每个员工（不包括总经理）的意见与建议，并结合具体情况来制订实施方案。无论如何，此次我给自己增加的威望值不应超过2个。"

——由执行副总经理结合上述心路历程向所有人员介绍情况。

——由执行副总经理与员工进行交流和沟通，听取意见与建议。

——由执行副总经理宣布方案并执行。（注：个人威望值随之相应变化）

情境 38　裁撤管理岗位前

在此处，公司内部流传着一些关于公司发展的非常重要的消息，但具体是什么重要消息并不确定，该消息的具体情况只有少部分人才能掌握。

给出一叠卡片，卡片上写着"是"或"否"，其中"是"的卡片数量为 2 张。卡片不做标记，由所有员工随机抽取，抽取到"是"卡片的员工，将获知该真实消息，抽取到"否"卡片的员工，将不能获知该消息。

随后，给抽取到"是"卡片的 2 名员工每人一张同样的卡片，这两张卡片上分别写着同样的内容："执行副总经理将要裁减管理岗位了，被裁岗位上的人员将会被免去该岗位职务，同时还将被扣减该岗位对应的个人威望值。请你思考一下，决定是否采取行动去与执行副总经理进行个人沟通，以便其将你保留在管理岗位上。"

——由掌握消息的员工自行决策是否需要与执行副总经理进行沟通，如果需要，则分别单独进行沟通，沟通后模拟转至下一步；如果不需要，则模拟直接转至下一步。

情境39　管理岗位裁撤

执行副总经理的心路历程：

"公司管理机构有些臃肿，为了减员增效，决定裁减2个管理岗位。我得出面做工作，请大家体谅。具体的裁减原则是：可以裁减临时副总经理职位，也可以裁减部门数量。当然，为了有效地推行此次计划，也可以裁减发展咨询委员会人数（仅在此情境下，1个委员身份可以等同于1个管理岗位，所有人员——普通员工、各级管理者包括我自己——担任的发展咨询委员岗位，也属此次可以裁减的管理岗位对象），不论裁减的是专任岗位还是兼职岗位，只要裁减数量达到2个即可。凡是被裁减的专任人员都直接降级为普通员工，而被裁减的兼职人员，则仍可保留其担任的其他管理职务，除非其所担任的全部管理职务都被裁减。"

——由执行副总经理结合上述心路历程向所有人员介绍情况。

——由执行副总经理制订裁减方案并执行。（注：管理职务、身份以及个人威望值随之相应变化）

情境 40　给执行副总打分

执行副总经理的心路历程：

"我已经直接管理公司一段时间了，有必要了解一下大家对于我工作的看法：首先，我需要介绍一下担任执行副总经理以来的工作思路。然后，听取所有下级人员对工作的意见与建议。对于一些好的意见或建议，我总共可以有权对相应人员奖励不超过 4 个威望值。最后，请所有下级人员对我的工作进行匿名打分评价（分值为 1—5），分值越高，意味着对我工作的评价越好。按照公司的政策，如果大家打分的平均值低于中值（3 分），则要自动扣减我 2 个威望值；如果不低于中值（3 分），则给我自动增加 2 个威望值。"

——由执行副总经理结合上述心路历程向所有人员介绍情况。

——由执行副总经理与员工分别进行沟通交流，听取意见与建议，并决定是否给予奖励。（注：个人威望值随之相应变化）

——对执行副总经理的工作进行打分评价（匿名投票进行）并统计结果。（注：个人威望值随之相应变化）

情境 41　公司之星

执行副总经理的心路历程：

"为了进一步引领员工积极向上的精神风貌，鼓励员工全情投入公司的事业，构建良好的公司文化，我拟决定在公司所有人员（不包括总经理）中推选 3 名人员表彰为'公司之星'。每个受表彰者增加 3 个威望值。由公司内所有人员（除总经理）进行匿名投票，不能投弃权票。当然，每个人可以在投票单上毛遂自荐。投票结果汇总后，由我参考投票结果并结合所有人员在公司的贡献程度，决定给予哪 3 名人员以'公司之星'的称号。"

——由执行副总经理结合上述心路历程向所有人员介绍情况。

——现场可让有意愿者的所有人员介绍自己并争取机会。

——让所有人员匿名投票并统计结果。（注：投票结果是否公布，以及是否全部公布、以何种方式公布等，由执行副总经理自行决定）

——由执行副总经理宣布："公司之星的称号授予×××、×××和×××。"（注：个人威望值随之相应变化）

情境 42　总经理回归

执行副总经理的心路历程：

"公司发展到了一个新的阶段，但是，根据公司的发展数据显示，最近公司进入了缓慢成长期，公司内部有呼声，邀请总经理回来再次直接领导公司的经营管理工作。总经理经过慎重考虑，决定应大家的要求，亲自执掌公司的发展。"

——由执行副总经理结合上述心路历程向所有人员介绍情况。

——总经理将直接领导公司的经营管理工作的想法告知所有人员。

INSERT

此时公布所有人员的全部威望值数量信息。

从此往下，公司改由总经理具体进行决策。

情境 43　执行副总的奖励

总经理的心路历程：

"我总体上觉得执行副总经理对于公司发展付出巨大，有必要给执行副总经理一定的补偿与奖励。结合公司现有资源情况，我拟定了两个方案：一个方案是给执行副总经理增加 2 个威望值，另一个方案是给执行副总经理增加 4 个威望值。请全体人员（不包括我和执行副总经理）匿名投票选择两者之一，不能投弃权票。投票后汇总哪个方案的支持率高，我将采用哪个方案（如果两个方案的支持率一样多，则再由我最后确定）。除此之外，我手里还有一定的权力，即可追加奖励的权力，在方案被选择出来之后，我如果觉得执行副总经理得到的奖励较少的话，可以决定给其再额外增加 1 个威望值。此后，执行副总经理自动去职，如果他同时还兼任着其他管理职务或拥有某种身份，则继续担任或拥有。"

——由总经理结合上述心路历程向所有人员介绍情况。

——由大家投票并统计、公布结果。

——由总经理宣布对执行副总经理的奖励方案。（注：职务及个人威望值随之相应变动）

情境 44　副总经理选拔前

在此处，公司内部流传着一些关于公司发展的非常重要消息，但具体是什么重要消息并不确定，该消息的具体情况只有少部分人才能掌握。

给出一叠卡片，卡片上写着"是"或"否"，其中"是"的卡片数量为 2 张。卡片不做标记，由所有员工随机抽取，抽取到"是"卡片的员工，将获知该真实消息，抽取到"否"卡片的员工，将不能获知该消息。

随后，给抽取到"是"卡片的 2 名员工每人一张同样的卡片，这两张卡片上分别写着同样的内容："总经理将要新设立 3 个副总经理职位，谁担任副总经理职位，将可以按副总经理对应的标准增加其个人的威望值，但在模拟中不需承担具体的经营管理工作。请你思考一下，决定是否采取行动去与总经理进行个人沟通，以便其将你列为考虑人选之一。"

——由掌握消息的员工自行决定是否需要与总经理进行沟通，如果需要，则分别单独进行沟通，沟通后模拟转至下一步；如果不需要，则模拟直接转至下一步。

情境 45 三名主管副总

总经理的心路历程：

"我拟重振公司，对公司目前的战略方向加以调整，为了实现这一新的战略，有必要对组织机构也同时进行调整。现在公司虽然不再设立执行副总经理职位，但可设立3个副总经理职位，公司所有人员均可竞争上岗。此前担任临时副总经理的人员也需重新竞争，如果其能竞争上岗，则由临时副总经理转为副总经理；如果没能竞争上，则失去临时副总经理职位，如果此前其还兼任着管理职务或拥有荣誉性身份（如部门经理、发展咨询委员、优秀员工等），则继续担任，如果他没有兼任职务则此后直接变为普通员工。此次选拔的办法是：先由每人匿名投票推举不超过3位人选，不能投弃权票。我参考（当然，也可以不参考）投票结果，自主确定3名副总经理的人选。在这里，新任的副总经理此前如果还担任着部门经理（或发展咨询委员），则此后兼任。"

——由总经理结合上述心路历程向所有人员介绍情况。

——现场可让有意愿竞职的所有人员介绍自己并争取机会。

——让所有人员匿名投票并统计结果。（注：投票结果是否公布以及是否全部公布、以何种方式公布等由总经理自行

决定）

——由总经理宣布："此次 3 个副总经理职位的人选是×××、×××和×××。"（注：职务及个人威望值随之相应变化）

情境 46　新业务，新部门？

总经理的心路历程：

"根据公司发展战略的需要，现在拟开拓一项新的业务，该项业务可以交由公司内部已有部门进行管理，也可在公司内新设立一个部门（名称简称为'新部门'）进行管理。该部门经理将从普通员工或普通员工兼任的发展咨询委员中进行选拔，不得由部门经理或副总经理兼任。我现在想看看大家对此的反应。由大家匿名投票选择是否设立'新部门'，我将参考（当然，也可不参考）投票结果，自己做出决策。"

——由总经理结合上述心路历程向所有人员介绍情况。

——让所有人员匿名投票并统计结果。（注：投票结果是否公布以及是否全部公布、以何种方式公布等由总经理自行决定）

——总经理宣布自己的决定。（注：如果新设立该部门，则同时宣布"新部门"经理人选；职务及个人威望值随之相应变化）

情境 47　稳定军心

总经理的心路历程：

"我拟结合公司现状，给公司的所有人员（不包括我自己）分发总共不超过 15 个威望值，以稳定近期公司内部军心。具体发放办法、给谁发放以及发放多少、是否需要全部发完等，均由我自己确定，但是，如果不发放出去而剩余的威望值则作废。"

——由总经理结合上述心路历程向所有人员介绍情况。

——由总经理宣布发放方案。（注：个人威望值随之相应变化）

情境 48　全员调岗前

在此处，公司内部流传着一些关于公司发展的非常重要消息，但具体是什么重要消息并不确定，该消息的具体情况只有少部分人才能掌握。

给出一叠卡片，卡片上写着"是"或"否"，其中"是"的卡片数量为 2 张。卡片不做标记，由所有员工随机抽取，抽取到"是"卡片的员工，将获知该真实消息，抽取到"否"卡片的员工，将不能获知该消息。

随后，给抽取到"是"卡片的 2 名员工每人一张同样的卡片，这两张卡片上分别写着同样的内容："公司要进行全员调岗了，所有被降职的将被按对应标准降低个人威望值，所有被升职的将被按对应标准增加个人威望值，级别与职务保持不变的人员个人威望值不变。请你思考一下，决定是否采取行动去与总经理进行个人沟通，以便其对你加以照顾。"

——由掌握消息的员工自行决定是否需要与总经理进行沟通，如果需要，则分别单独进行沟通，沟通后模拟转至下一步；如果不需要，则模拟直接转至下一步。

情境 49　重新定岗

总经理的心路历程.

"为了理顺公司内部的管理机制,我拟决定对全体管理岗位进行调整,所有的管理者(不包括我)都要重新定岗。具体做法是:所有人员(不包括我)匿名投票,每人需提名与目前管理团队人数相同数量的候选人,附上具体名单,不能投弃权票(注:投票中不能指定谁上哪个岗)。我将汇总投票结果,得票多者优先选择职位(如果此前有兼任的岗位,此次也应由一个人兼任,其个人威望值也按兼任标准变化),直至职位选择完毕(委员身份以及各种表彰只随初始个人,不做变动)。为了完全激发公司内部的活力,我将会客观地接受投票与选岗结果。"

——由所有人员投票并统计结果。

——由总经理公布投票结果及调整方案。(注:职务及个人威望值随之相应变化)

情境 50　主动辞职

总经理的心路历程：

"公司冗员比较多，为了控制成本，提高效率，我拟裁撤一名普通员工或管理者。由于有一定的阻力，我最多只裁撤一名人员。此次裁撤依照主动自愿原则，因此，我可以征求所有人员的意见，看看他们有无此时愿意、主动退出公司的，如果有，退出时我将特别增加其 3 个威望值，自此他将不再参加后续的模拟，但在模拟结束后，其模拟成绩仍按我公司人员对待，并按其退出时的级别以及新的威望值总数评价。如果没有愿意、主动退出的，我也不强制裁撤人员。"

——由总经理结合上述心路历程向所有人员介绍情况。

——双向交流，征求意见。（注：人员及威望值随之相应变化，如果有的话）

情境 51　周年庆典二

总经理的心路历程：

"又到了公司年度庆典的时候了，为了进一步体现公司以人为本的文化，在本次庆典中拟对员工进行表彰与激励（以增加威望值来代表）。考虑到公司未来投资还需大量资源，因此，此次表彰与激励只能拿出 15 个威望值用来奖励。为了体现公司文化中对员工的充分尊重精神，我将听取每个员工的意见与建议，并结合具体情况来制订实施方案。"

——由总经理结合上述心路历程向所有人员介绍情况。

——由总经理与员工进行交流和沟通，听取意见与建议。

——由总经理宣布方案并执行。（注：个人威望值随之相应变化）

情境 52　听取建议

总经理的心路历程：

"我已经直接管理公司一段时间了，有必要了解一下大家对于我工作的看法：首先我需要介绍一下近期以来的工作思路，然后听取所有下级人员对工作的意见与建议。对于一些好的意见或建议，我有权对相应人员奖励不超过 5 个威望值。"

——由总经理结合上述心路历程向所有人员介绍情况。

——由总经理与员工分别进行沟通交流，听取意见与建议，并决定是否给予奖励。（注：个人威望值随之相应变化）

情境 53　吸引人才

（注：如果是两个公司同时分别开展本模拟，则增加此情境，单公司模拟则自动略过此情境）

市场竞争日益激烈，对人才的争夺也在展开。同时分别开展模拟的公司，其总经理相互之间可以分别去对方公司进行宣传，以吸引人才。每个总经理手里分别掌握着 4 个威望值用来吸引人才，对于愿意加入其公司的人员，由总经理根据情况给其增加威望值（不超过 4 个）。但加入新公司后，其职务级别保持不变，即在原来公司中是普通员工的，加入新公司后仍然是普通员工，但其在新公司中的威望值是原公司中自己威望值与进入新公司时新增加的威望值之和；在原来公司中是管理者的，加入新公司后仍然是对应级别的管理者（在新公司所任职的部门名称可简称为"人才部"），但其在新公司中的威望值是原公司中自己威望值与进入新公司时新增加的威望值之和。

——由总经理结合上述情境内容展开相应的活动。（注：个人威望值随之相应变化）

情境 54　公司战略

总经理的心路历程：

"公司发展风格与文化已基本定型，发展的战略定位需要重新审视，我需要好好思考一下公司未来的总体走向了……"

此时公布所有人员的全部威望值数量信息。

情境 55　模拟收尾

（注．此情境为模拟的最后一个情境，完成此情境后，模拟即结束）

公司在此时一次性受理员工的辞职请求，具体做法是：公司内每个员工（总经理除外）分别投票，匿名写上自己是否愿意从所在公司辞职。对于辞职申请，公司只能接受。如果有员工辞职的话，不论其此前在公司内的威望值多少，其在本模拟中最终的新威望值变为公司内同级别人员（包括辞职人员；如果此前有主动自愿退出公司的人员，也包括在内）威望值的平均值（平均值如果为非整数，则四舍五入进行取整）。同时，其在模拟中的最终成绩仍在辞职前所在公司内进行评定，但以辞职前的级别与辞职后的新威望值作为标准。

——由总经理介绍上述情境内容，员工匿名投票并统计、公布结果。（注：个人威望值随之相应变化，如果有的话）

最后，由总经理简单总结，然后整个模拟至此全部结束。

组织成长情境模拟小结

本模拟计划 6—7 课时，从一个纵向角度提炼、呈现了组织成长过程中可能存在的主要特征与规律。

即使模拟环节、情境与流程不变，不同参与者扮演相同角色（尤其是总经理、执行副总经理），其结果可能大不相同，体现了差异化的管理风格与组织文化对组织发展的特殊作用。

在"模拟的主要规则"第 7 条中，建议针对某些信息采取部分公布与部分匿名的方式处理，这可以增加模拟结果的冲击性。但也可以忽略该建议，尝试全部公布相关信息，从而感受不同的模拟过程与结果。

不同职级所对应赋予的威望值数量可作增减，同时，也可对不同部门赋予不同的权重并对应赋予不同数量的威望值，以展现更客观的组织现实并增加模拟的实施效果。

可以旁白的方式来介绍一个个模拟情境，由总经理、执行副总经理以及其他参与者相应展示或实现，也可由总经理、执行副总经理结合情境内容自行介绍相关信息并组织完成，选择上述哪种方式进行模拟流程的组织，可综合现实情况与喜好自行确定。

模拟结束时，可以邀请总经理、执行副总经理介绍自己的操作思路。

可以根据模拟结束时不同成员威望值的数量多少，将其兑现为不同程度的奖励品，以进一步提升模拟中参与者之间的竞争性。

第三部分

组织变革系列模拟

本阶段共由三个模拟构成,在具体练习时,可选取其中任何一个或多个模拟进行操作。本系列模拟是以组织内裁员作为组织变革的具体情境依托(因为不论何种组织,进行裁员都可视作明显的组织变革行为),可以用来让学生感受组织变革、组织运作机制、决策及执行、冲突与协调、组织战略执行与调整、组织文化等相关议题。

模拟一　基础模拟

一、情况介绍与模拟准备

1. 组织设有推动裁员工作的高管 1 名，全权负责该项工作。可以由 1 名（或 1 名以上）学员（共同）来代表该高管。该组织内部共有 3 个部门，可以由 1 名（或 1 名以上）学员（共同）来分别代表每个部门，每个部门内初始员工数量均设定为 10 名（仅是名义数字上的员工，不需学生扮演这些员工角色）。

2. 每个模拟参与人员手里均发放一定数量的组织币。如果有 1 个以上的参与人员共同扮演同一个角色，他们的角色定位是一样的，共同构成一个决策团队，组织币为他们所共同拥有。组织币代表着每个模拟参与人员所拥有的组织资源。在模拟进行过程中，某个角色如果遇到自己的决策受阻，自己的利益受损，以及决策结果带来的内部矛盾、利益冲突、自己部门内的员工被裁掉等情况时，都必须支付相应数量的组织币才能继续进行模拟。组织币具体支付数量按模拟中的特定的、不同情境下的规定来确定。不过，在模拟中，不论何种情境下，对于各个部门而言，部门内每被高管成功裁掉 1

名员工，则意味着自己部门内的总员工数相应减少1人，且该部门同时必须为该被裁掉的员工支付5个组织币。在模拟中，当某个部门支付完自己手中全部组织币并同时成为负数，或者其内部员工全部被裁掉时，或者当高管未完成裁员计划但却支付完自己手中全部组织币并同时成为负数时，则意味着他们分别在模拟中被淘汰出局。哪个模拟角色出现上述被淘汰出局的情况，他所代表的角色自动失效，应及时汇报，不能再继续参与模拟。

3. 组织币在支付之后，应当流出自己所处的部门与组织，而且不会再流动回来。也就是说，支付组织币不仅代表着自己所拥有的组织资源的损耗，也代表着整个组织内部资源的一种损耗。

4. 在模拟开始时，根据模拟参与人数的多少，可分别组建若干个组织，每个组织均由一名高管、三个部门构成，每个部门内部均名义上包含了10名员工，每个组织在模拟中的规则、流程、标准、程序与步骤等完全一致，分别同时展开模拟。

图3-1为构建两个组织A和B时的机构示意图。老师给每位高管发放若干组织币（例如初始可设定为30—60），给每个部门发放若干组织币（例如初始可设定为40—80）。随着模拟进行，可由老师根据实际情况随时决定是否给高管、部门分别或同时追加一定数量的组织币。由于本模拟中所有信息都不公开，因此，高管与部门在模拟开始时各自手里掌握的组织币数量相互保密，不进行公开，同时在整个模拟过程中

也不能公开这个信息（这事实上代表着模拟的各参与方都不清楚各方的对抗实力与资源数量）。

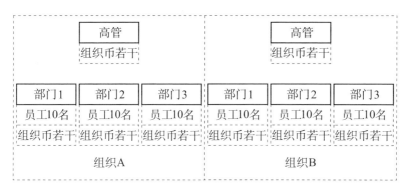

图 3-1　两个组织的机构示意图

此外，在模拟中，任何一方不得向其他各方直接或隐含性地透露自己以前或将要做出决策的真实情况，以及高管每次要求在其部门内的裁员人数，也不得直接或隐含性地透露自己手中剩余的组织币数量，尤其是在模拟中要求各方就相关决策进行沟通交流时必须注意这一规定。除非在其他一些特定类型的模拟中有明确、具体的允许说明外，这一规定一律不得违反。

5. 每个模拟均分别由连续进行的前后两个模块构成一个完整的模拟，第一个模块是"裁员启动模拟"，第二个模块是"裁员正式实施模拟"。

在第一个模块"裁员启动模拟"中，高管不会要求各部门进行实际的裁员。但是，高管会提出实施裁员计划的启动诉求，以寻求各部门支持在组织内部启动裁员工作，以便顺利地进入随后展开的正式裁员的实施模块中。对于高管提出的裁员启动诉求，各个部门自行决策是否支持，各部门应根据不同决策情境及相应的损益条件，尽量并且尽快减少其他部门以及高管手中的组织币，尽量并且尽快增加自己手中的组织币，以使自己在后续展开的第二模块"裁员正式实施模拟"中形成有利局面，掌握主动，以最终胜出，避免被最先淘汰。而对于高管而言，必须尽量并且尽快以最少组织币为代价，推动各部门支持高管的裁员工作启动诉求，以使自己在后续展开的裁员正式实施模拟中占据主动，避免因失败而被淘汰。

在第二个模块中，裁员真枪实刀地正式实施了。高管每一次都会向各个部门提出在该部门裁员多少人的计划，直至总的裁员人数经过多次裁员措施得以最终完成。各部门反对或支持裁员或支持减员的决策，在各种不同的情境下，会支付或赢得不同数量的组织币。因此，各部门应全面考虑同时综合采取多种策略，以使自己在整个模拟中占据主动并最终获胜。

在上述两个模块中，不论怎样做，各部门的目标很清晰，即整体上尽量、尽快地让其他部门的员工被裁员以及尽可能多地被裁员，让其他部门手中的组织币减少以及尽可能多地被减少，让高管的裁员启动诉求以及后续的正式裁员计划无法顺利实施并使其手中的组织币减少以及尽可能多地被减少，让自己手中的组织币减少得最少、最慢甚至增加，让自己的部门尽量少或者延迟被裁员等。对于高管而言，其目标也很清晰，即整体上尽量以最小的代价成功实施自己的整个裁员计划。

所以，对于每个参与者而言，前后两个模块均很重要，不要以为前一个模块不涉及真正的裁员，只是裁员启动环节，就不放在心上，须知两个模块是嵌套在一起的，暗含杀机，一不小心就会满盘皆输，每个参与者都应对每个模块以及模块中的每个环节做出最优的决策。

6. 在模拟中，每个参与人员都可以针对其他人员所做的决策，在后续的模拟中自主地做出各种自己认为合适的决策。在做决策时，各部门只记着一个原则，即只需按照模拟规则、在不违反规则的前提下，做出任何对自己合适的决策。但是，必须强调的是，在模拟时，每个参与者必须全身心地投入到模拟中，不要受模拟之外任何其他因素（如与其他参与者的关系好恶等）的影响。

7. 模拟参与者的成绩评判标准如下：

（1）模拟中所规定的组织中总共要裁减的总人数成功完成之时，整个模拟随即结束，停止所有流程，然后核算所有模拟参与者在此次模拟中的成绩。

（2）在某个模拟环节中或整个模拟完成之前，如果哪个部门的所有员工都被裁掉，或者哪个部门手里所有组织币都支付完并同时成为负数时，哪个部门就即时被淘汰出局，不能再继续参与模拟了。模拟由其他部门继续。如果一个组织内有至少有 2 个部门同时或先后都被淘汰出局的情况发生时，此时，不论模拟所规定的裁员总数是否已经成功完成，该组织的整个模拟都随即自动停止并结束。

（3）在成功实施完自己的总体裁员计划与要求之前，如果某个组织的高管手中所有组织币都支付完并同时成为负数时,这意味着该组织的高管随之被淘汰出局,此时,不论模拟所规定的裁员总数是否已经成功完成,该组织的整个模拟也都随之自动停止并结束。

(4)本模拟展示了组织变革中存在着一定程度的阻力与损耗性,高管与各部门分别代表了两种不同的组织内力量,各部门旨在使整个模拟总体上朝向尽量、尽快反对并且阻挠裁员的启动、裁员计划的实施方向发展,而高管则需整体上尽量、尽快地以最小代价让下面的部门通过自己提出的裁员策略或设想。

(5)在不相互影响各自组织内部决策的情况下,不同组织之间的模拟进度可以不同步,但在所有组织都完成模拟之后方可统计并公布每个组织的模拟结果,以便尽量消除进度不一致对没有完成模拟的组织的决策可能带来的影响。

(6)模拟结束时,各部门的成绩评定依据为:

对于部门而言,被淘汰出局的成绩最差。所有组织的被淘汰的部门放在一起,按其被淘汰出局时部门内被裁掉的员工数量的多少排定成绩:被裁员工数最多的排在最后;如果被裁员工数相同,则再按各自部门所剩余组织币的数量来排序(部门所剩余的组织币为负数时也符合这种排序原则),所剩组织币多的部门的成绩排在前;如果所剩组织币也相同,则其成绩并列。

对于未被淘汰出局的部门而言,其成绩是由同一组织内的成绩和不同组织间的成绩两部分综合确定:同一组织内的成绩是指在模拟结束时，同一组织内的部门，按照其在本次模拟中部门内部被裁人数的多少排定成绩。被裁人员越多，在同一组织内的成绩越差；如果被裁人员数量相同时，再比较剩余的组织币数量，剩余组织币数量越少，则成绩越差。这一排序原则也同时适用单一组织的模拟。对于不止一个组织同时模拟的情况，不同组织间的成绩是指在模拟结束时，比较各组织的高管在模拟结束时所剩余的组织币数量：高管剩余的组织币数量越多的组织（高管所剩余的组织币为负数时也符合这种排序原则），其内部所有部门整体成绩越差，即该组织内所有部门的成绩均排在成绩好的其他组织中所有部门之后。

（7）模拟结束时，各高管的成绩是在部门成绩确定之后才确定的。

被淘汰出局的高管按以下规定确定成绩：

◆ 对于不止一个组织同时模拟的情况，首先，被淘汰出局的高管算是比较失败的高管，其成绩不仅排在所有未被淘汰出局的高管之后，而且也排在所有组织的所有未被淘汰的部门（不包括淘汰出局的部门，被淘汰出局的部门排在所有组织的所有部门、所有高管之后）之后。其次，被淘汰出局的高管之间的成绩排序按照其被淘汰时所在组织总共完成的裁员人数来确定，裁员越多者成绩越好；如果完成的裁员人数相同，则再比较被淘汰出局时其所剩余的组织币多少（高管所剩余的组织币为负数时也符合这种排序原则），所剩组织币越多的高管成绩越好；如果上述两者均相同，则成绩并列。

◆ 对于单一组织的模拟而言，被淘汰出局的高管，排在该组织所有未被淘汰出局的部门之后以及该组织所有被淘汰出局的部门之前。

未被淘汰出局的高管按以下规定确定成绩：

◆ 对于不止一个组织同时模拟的情况，在模拟结束之时，未被淘汰出局的高管可以按以下指标计算得分，即本模拟中高管已支付出的组织币数量/组织内所有部门被成功裁掉的员工总数。该指标得分代表着为争取裁掉 1 名员工而使高管消耗的平均资源数量。得分越低，意味着高管的表现越好，得分最低的高管的成绩排在参加模拟的所有参与者的成绩之前（如果最低分的高管多于 1 个，则他们成绩并列且都排在所有参与者成绩之前）。其余未被淘汰的高管成绩按照得分情况，依序排在成绩最好的未被淘汰高管的随后位置（对于虽然不止一个组织参加模拟但这些组织的高管最终模拟成绩均相同时，则不存在这种成绩排序情况）。

◆ 对于单一组织的模拟，未被淘汰出局的高管成绩排在该组织所有部门之前。

（8）整个模拟需要进行很多轮的反复投票，并且在此过程中需要不断支付自己手中的组织币才能使得模拟继续，参与人员也有机会赢得一些组织币。此外，模拟随时都可能因为参与者手里的组织币支付完并同时为负数、所要求的裁员总数达标、部门内员工都被裁完、老师随机性地强行中止模拟等因素而停止。因此，每个参与者任何一次决策都非常重要，如果想要胜出，必须认真对待每一个环节、抓住每一个机会、想尽一切办法，整体上尽量增加或尽量延迟支付自己手中的组织币，同时需要尽可能多地、快地让其他参与者手中的组织币减少。最终成绩排序或许就是几个组织币的差别，因此，模拟中的每一个组织币的支付与获得都很重要。

二、裁员启动模拟

1. 老师只告诉高管其组织内部需要裁员，由他来操刀进行此项工作，但此时不告诉他具体要求裁多少人。

2. 老师宣布"裁员工作启动"，同时要求高管必须就组织的裁员事宜和每个部门分头进行沟通。

不是所有参与者坐在一起开沟通大会，而是高管分别与每个部门一一进行沟通；每一对沟通的内容、方式、途径、技巧等可以不同，每一对沟通之间不需要相互公开沟通的信息。

高管在所有的沟通工作都完成后，要向老师报告"沟通完毕"，由老师来宣布："裁员启动的沟通工作结束，模拟转入到下面的裁员启动诉求阶段。"

然后，由老师宣布："在这一阶段，会给各个部门发放纸条，上面写着'支持裁员启动诉求'和'反对裁员启动诉求'

两个选项,由各部门单选一项(不得弃权,而且在整个模块所有后续环节中,除非特别说明,每个部门每一次投票均不得选择弃权),以表示支持还是反对。"

值得注意,在此投票选择过程中,各部门不受高管的干扰与影响,不受高管的监督与控制,与此同时,各部门之间也不允许相互对各自的投票进行影响与干扰,完全采取背对背式的投票模式。在下面的各个模拟步骤与环节中,除非特别说明,这一条规定贯穿整个模拟的始终。

为了便于理解与操作,关于下面裁员启动模拟阶段各环节的投票逻辑与具体流程,可以用图 3-2 加以表示:

◆ 每个大方框代表着某轮投票的整体依据与行动逻辑。

◆ 大方框中每个小方框对应着该轮投票后出现的具体结果及其对应的决策收益表、行动方案。

◆ 每个小方框内的序号与下文的序号相同,代表着模拟的某个对应环节,方框之间的箭线代表了每轮投票结果之间的流程走向。

当图中小方框里出现"转入到后面的正式裁员阶段"字样时,代表着"裁员启动模拟"完成,模拟转入到后面的"裁员正式实施"阶段;否则,按图中箭线指示的流程继续进行下一轮投票,直至小方框里出现"转入到后面的正式裁员阶段"字样。

3. 由老师分别发给各部门一张纸条（老师提前准备好纸条，纸条上写明两个选择项——"支持裁员启动诉求"与"反对裁员启动诉求"），让每个部门自己投票选择是"支持"还是"反对"裁员，并由每个部门填写完毕后分别上交给老师。

在发放纸条前，老师要告诉所有参与人员："老师会对各部门的填写与选择结果进行统计，但是，老师只公布总体统计情况，而不公开每个部门各自的具体选择情况。"（在下面的模拟步骤中，除非特别说明，这一条规定贯穿整个模拟的始终）

与此同时，在投票决策之前，老师公布高管行动及各部门投票的决策依据，以供其在决策时参考（共分3种情况）：

(1) 如果第1轮所有部门都选择"支持"时，每个部门以及高管都不需要支付组织币，裁员启动模拟结束，直接转到"裁员正式实施模拟"的第1条。

(2) 如果第1轮有部门选择了"反对"，但选择"反对"的部门数在本组织内的比例小于2/3时（即对于由3个部门构成的组织而言，投"反对"票的部门总数为1），高管必须从自己的组织币总数中自动减少2个。同时，投"反对"票的部门则可以在自己的组织币总数中自动增加2个，而投票"支持"的部门的组织币总数分别保持不变。由于各部门对于高管的裁员启动诉求的第1轮投票选择有一些不同意见，需要各个部门相互沟通一下，然后各部门再进行第2轮投票选择，以决定高管的裁员启动诉求能否通过。

(3) 如果第1轮投票选择"反对"的部门数比例为2/3及

以上时（即对于由 3 个部门构成的组织而言，投"反对"票的部门总数为 2 或 3），即使存在"支持"部门，也强制要求所有部门都必须无条件选择"反对"，此时意味着高管的裁员启动诉求第 1 轮投票没有获得支持，行动失败。选择"反对"的部门都必须分别从自己的组织币总数中自动减少 2 个，选择"支持"的部门（如果有）则必须从自己的组织币总数中自动减少 1 个，而高管必须从自己的组织币总数中自动减少 3 个。由于反对裁员启动诉求的阻力较大，需要高管与各部门分头进行沟通，然后进行裁员启动诉求的第 2 轮投票。

在模拟的所有环节中，除非特别说明，否则不论高管还是部门，其组织币总数变动情况均是匿名进行的，不能对外公布。

老师根据投票结果进行统计，来判断模拟如何继续：

对于第（1）种情况：

如果第 1 轮所有部门都选择"支持"，此时，则由老师宣布：

"统计结果显示，高管的裁员启动诉求获得支持，未在组织内部遇到什么反对意见，也未引起较为明显的组织内部冲突，每个部门以及高管都不需要支付组织币，裁员启动模拟结束，模拟转到后面的'裁员正式实施模拟'模块的第 1 条。"

对于第（2）种情况——需要进行第 2 轮投票：

如果第 1 轮有部门选择了"反对"，但选择"反对"的部门数在本组织内的比例小于 2/3 时（即对于由 3 个部门构成的组织而言，投票"反对"的部门总数为 1），对于选择"反对"的部门，由于其在大多数部门都退让的情况下，具有勇于挑战上司权威的精神，在上司声望受损的同时，使得自己的声望上升，高管必须从自己的组织币总数中自动减少 2 个。同时，投票"反对"的部门则可以在自己的组织币总数中自动增加 2 个，而投票"支持"的部门的组织币总数分别保持不变。随后，由老师宣布：

"各部门对于高管的裁员启动诉求的第 1 轮投票选择有一些不同意见，需要各个部门相互沟通一下，然后各部门再进行第 2 轮投票选择，以决定高管的裁员启动诉求能否通过。"

与此同时，公布第（2）种情况下高管行动及各部门第 2 轮投票的决策依据，以供其在决策时参考（共分两种情况）：

(2.1) 如果第 2 轮投票选择"反对"的部门数比例小于 2/3 时（2/3 意味着对由 3 个部门构成的组织而言，投票"反对"的部门总数为 0 或 1），即使存在"反对"部门，此时也强制要求所有部门必须集体无条件选择"支持"高管的裁员启动诉求，意味着高管的裁员启动诉求未遇到大的阻力，已获得通过，裁员启动模拟结束，模拟转到后面的"裁员正式实施模拟"模块的第 1 条。与此同时，高管必须从自己的组织币总数中自动减少 2 个，投票"反对"的部门（如果有）则可以在自己的组织币总数中自动增加2个，而投票"支持"的部门的组织币总数保持不变。

（2.2）如果第2轮投票选择"反对"的部门数比例为2/3及以上（意味着对由3个部门构成的组织而言，投票"反对"的部门总数为2或3），即使存在"支持"部门，也强制要求所有部门必须集体无条件接受"反对"高管的裁员启动诉求，意味着高管的裁员启动诉求在第2轮投票中没有获得通过，行动失败，需要各部门进行第3轮投票选择。与此同时，每个部门都必须在自己的组织币总数中分别自动减少1个，而高管必须在自己的组织币总数中自动减少2个。

然后，由每个部门派1名代表出来，大家坐在一起，不受干扰地进行交流沟通与说服辩论（只是相互交流、沟通与说服，但不能对每个部门后续的选择做出强行限制），互相劝说、建议其他部门下一步如何进行选择。

接下来，由老师再给各部门发放纸条，纸条上还是写明两个选择项："支持裁员启动诉求"和"反对裁员启动诉求"，再次让各部门不受影响地进行第2轮投票选择。老师根据投票结果进行统计，看看投票结果是出现（2.1）还是（2.2）的情况，从而来判断模拟如何继续：

对于（2.1）的情况：

如果第2轮投票选择"反对"的部门数比例小于2/3时（意味着对由3个部门构成的组织而言，投票"反对"的部门总数为0或1），即使存在"反对"部门，此时也强制要求所有部门必须集体无条件选择"支持"高管的裁员启动诉求，并由老师宣布：

"统计结果显示，高管的裁员启动诉求未遇到大的阻力，已获得通过，裁员启动模拟结束，模拟转到后面的'裁员正式实施模拟'模块的第1条"。

在此第2轮的投票选择行动中，对于在第2轮中投票选择"反对"的部门（如果有），由于其在大多数部门都退让的情况下，具有勇于挑战上司权威的精神，在上司声望受损的同时，使得自己的声望上升，高管必须从自己的组织币总数中自动减少2个，同时，投票"反对"的部门（如果有）则可以在自己的组织币总数中自动增加2个，而投票"支持"的部门的组织币总数保持不变。

对于（2.2）的情况——需要进行第3轮投票：

如果第2轮投票选择"反对"的部门数比例为2/3及以上（意味着对由3个部门构成的组织而言，投票"反对"的部门总数为2或3），即使存在"支持"部门，也强制要求所有部门必须集体无条件接受"反对"高管的裁员启动诉求，并由老师宣布：

"统计结果显示，高管的裁员启动诉求在第2轮投票中没有获得通过，行动失败，需要进行第3轮投票。"

在这种集体被强制接受"反对"的情况下，由于部门与高管之间的交锋过于激烈、尖锐与漫长，使得整个组织产生了较为明显的内耗，因此，每个部门都必须在自己的组织币总数中分别自动减少1个，而高管要承担较多的责任，他必须在自己的组织币总数中自动减少2个。

与此同时,老师公布高管行动及各部门第 3 轮投票的决策依据,以供其在决策时参考(共分 3 种情况):

(2.2.1)如果第 3 轮投票选择的结果是所有部门都选择"支持",高管的裁员启动诉求获得通过,每个部门以及高管都不需要在自己的组织币总数中增减组织币,裁员启动模拟结束,模拟转到后面的"裁员正式实施模拟"模块的第 1 条。

(2.2.2)如果第 3 轮投票选择的结果显示,有部门选择了"反对"但选择"反对"的部门数比例小于 2/3 时(意味着对由 3 个部门构成的组织而言,投票"反对"的部门总数为 1),即使存在"反对"部门,也强制要求所有部门必须集体无条件接受"支持"高管的裁员启动诉求,模拟转到后面的"裁员正式实施模拟"模块的第 1 条。所有部门必须在自己的组织币总数中自动减少 1 个,而高管则不需要变动组织币总数。

(2.2.3)如果第 3 轮投票选择的结果显示,选择"反对"的部门数比例为 2/3 及以上(意味着对由 3 个部门构成的组织而言,投票"反对"的部门总数为 2 或 3),即使存在"支持"部门,此时也强制要求所有部门必须集体无条件选择"反对"高管的裁员启动诉求,每个部门都必须分别从自己的组织币总数中自动减少 1 个,而高管必须从自己的组织币中自动减少 2 个。同时,还需进行第 4 轮的投票。

再由老师宣布:

"由于裁员启动诉求遇到的阻力较大,需要高管就裁员事宜再次与各部门分头沟通（沟通的内容、方式、途径、技巧等可以不同，但沟通过程相互之间不能公开），然后由各部门进行第 3 轮投票选择，以决定高管的裁员启动诉求是否通过。"

高管在所有的沟通工作都完成后，要向老师报告"沟通完毕"，再由老师宣布：

"第 3 轮裁员启动诉求的投票开始。"

由老师分别发给各部门一张纸条，纸条上写明两个选择项："支持裁员启动诉求"和"反对裁员启动诉求"，让每个部门自己投票选择是"支持"还是"反对"裁员，再次让各部门不受影响地进行第 3 轮投票选择。老师根据投票结果进行统计，看看投票结果是出现（2.2.1）（2.2.2）（2.2.3）哪种情况，从而来判断模拟如何继续：

对于（2.2.1）的情况：

如果第 3 轮投票选择的结果是所有部门都选择"支持"，高管的裁员启动诉求获得支持，则由老师宣布：

"统计结果显示，高管的裁员启动诉求获得通过；由于高管的裁员诉求没有在组织内部遇到主要的反对，也未引起较为明显的组织内部冲突，每个部门以及高管都不需要在自己的组织币总数中增减组织币，裁员启动模拟结束，模拟转到后面的'裁员正式实施模拟'模块的第 1 条。"

对于（2.2.2）的情况：

如果第 3 轮投票选择的结果显示：有部门选择了"反对"但选择"反对"的部门数比例小于时 2/3（意味着对由 3 个部

门构成的组织而言，投票"反对"的部门总数为1)，即使存在"反对"部门，也不再重新进行投票选择了，此时强制要求所有部门都必须集体无条件接受"支持"高管的裁员启动诉求，然后，由老师宣布：

"统计结果显示，高管的裁员启动诉求获得通过，裁员启动模拟结束，模拟转到后面的'裁员正式实施模拟'模块的第1条"。

与此同时，对于这轮投票中存在"反对"的部门数为1的情况，由于还有个别部门过于阻挠高管正常的工作诉求，因此，每个部门都为此受到牵连，每个部门都必须在自己的组织币总数中分别自动减少1个，而高管则不需要变动组织币总数。

对于（2.2.3）的情况——需要进行第 4 轮投票：

如果第3轮投票选择的结果显示：选择"反对"的部门数比例为2/3及以上（意味着对由3个部门构成的组织而言，投票"反对"的部门总数为2或3），即使存在"支持"部门，此时也强制要求所有部门必须集体无条件选择"反对"高管的裁员启动诉求。在这种强制性地要求集体选择"反对"的情况下，由于部门与高管之间的交锋过于激烈、尖锐与漫长，使得整个组织产生了较为明显的内耗，因此，每个部门都必须分别从自己的组织币总数中自动减少1个，而高管要承担较多的责任，他必须从自己的组织币总数中自动减少2个。

然后，由老师宣布：

"统计结果显示，高管的裁员启动诉求没有获得通过，行动失败，需要重新进行第 4 轮的投票选择流程。"

但是，在第 4 轮投票开始之前，由老师告诉高管，让其可以选择（当然，也可以不选择，由高管自己决定）给不超过 2（0、1 或 2）个部门分别转移支付不超过 2（0、1 或 2）个组织币，争取让该部门支持自己（为了不让各部门相互知晓具体信息，做法可以是：高管向每个部门发一张纸条，上面分别写着转移支付"0""1"或"2"个组织币），当转移支付完成时，高管及部门都在自己的组织币总数中相应增减对应的组织币数量。当然，高管的这种做法是有风险的，因为得到转移支付的部门在后续的投票中是自主投票的，它可以不选择支持高管。

转移支付之后，开始第 4 轮的裁员启动投票选择流程。

与此同时，老师公布高管行动及各部门投票的决策依据，以供其在决策时参考（共分 3 种情况）：

(2.2.3.1) 如果第 4 轮投票选择的结果显示：所有部门都选择"支持"，高管的裁员启动诉求获得通过，未在组织内部遇到主要的反对，也未引起较为明显的组织内部冲突，每个部门以及高管都不需要支付组织币，模拟转到后面的"裁员正式实施模拟"模块的第 1 条。

(2.2.3.2) 如果第 4 轮投票选择的结果显示：有部门选择了"反对"，但选择"反对"的部门数比例小于 2/3 时（意味着对由 3 个部门构成的组织而言，投票"反对"的部门总数为 1），即使存在"反对"部门，也不再重新进行投票选择了，此时强制要求所有部门都必须集体无条件选择"支持"高管的裁员启动诉求,意味着高管的裁员启动诉求获得通过,模拟转到后面的"裁员正式实施模拟"模块的第 1 条。但是,由于还有个别部门过于阻挠高管正常的工作诉求,因此,每个部门都要为此受到拖累,每个部门都必须分别从自己的组织币总数中自动减少 1 个,而高管的组织币数量不做变动。

(2.2.3.3) 如果第 4 轮投票选择的结果显示:选择"反对"的部门数比例为 2/3 及以上时(意味着对由 3 个部门构成的组织而言,投票"反对"的部门总数为 2 或 3),高管的裁员启动诉求没有获得投票通过,但是,由于部门不顾情况的多次反对,已经延迟了高管正常的工作诉求,裁员启动诉求视为通过,高管现在有权开始实施正式的裁员计划了,模拟转到后面的"裁员正式实施模拟"模块的第 1 条。但是,由于部门与高管之间的激烈对抗,对整体组织和各自都造成了较大的损耗,此时,高管以及每个部门都必须分别在自己的组织币总数中自动减少 2 个。

由老师统计第 4 轮的投票结果,根据结果并结合(2.2.3.1)(2.2.3.2)(2.2.3.3)的情况,让各部门与高管自动增减其组织币,并宣布裁员启动模拟至此全部结束,模拟此后全部转到后面的"裁员正式实施模拟"模块的第 1 条。

对于第(3)种情况——需要进行第 2 轮投票:

如果第 1 轮投票选择"反对"的部门数比例为 2/3 及以上时(即对于由 3 个部门构成的组织而言,投票"反对"的部门总数为 2 或 3），即使存在"支持"部门，也强制要求所有部门必须集体无条件选择"反对"，并由老师宣布：

"统计结果显示，高管的裁员启动诉求第 1 轮投票没有获得支持，行动失败。"对于这种一次性直接被强行要求集体选择"反对"的情况而言，所有部门都要为这次过于激进、外露的集体性抗拒行动付出较高成本。其中，选择"反对"的部门都必须分别从自己的组织币总数中自动减少 2 个，选择"支持"的部门（如果有）则必须从自己的组织币总数中自动减少 1 个，而高管也要为此支付较高的成本，他必须从自己的组织币总数中自动减少 3 个。

然后，由老师宣布：

"由于反对裁员启动诉求的阻力较大，需要高管与各部门分头进行沟通，然后进行裁员启动诉求的第 2 轮投票。"

与此同时，公布第（3）种情况下高管行动及各部门第 2 轮投票的决策依据，以供其在决策时参考（共分 3 种情况）：

（3.1）如果第 2 轮投票选择的结果是所有部门都选择"支持"，高管的裁员启动诉求获得支持，每个部门以及高管都不需要变动自己的组织币数量，模拟转到后面的"裁员正式实施模拟"模块的第 1 条。

（3.2）如果第 2 轮投票选择的结果显示：有部门选择了"反对"，但选择"反对"的部门数比例小于 2/3 时（意味着对由 3 个部门构成的组织而言，投票"反对"的部门总数为 1），即使存在"反对"部门，此时也强制所有部门集体无条件选择"支持"裁员启动诉求，每个部门都必须分别从自己的组织币总数中减少 1 个,而高管的组织币数量不做变动。模拟转到后面的"裁员正式实施模拟"模块的第 1 条。

(3.3) 如果第 2 轮投票选择的结果显示:选择"反对"的部门数比例为 2/3 及以上时(意味着对由 3 个部门构成的组织而言,投票"反对"的部门总数为 2 或 3),即使存在"支持"部门,此时也强制要求所有部门必须集体无条件选择"反对"裁员启动诉求,需要进行第 3 轮投票。同时,每个部门都必须分别从自己的组织币总数中减少 1 个,而高管必须从自己的组织币总数中减少 2 个。

公布完高管行动及各部门第 2 轮投票的决策依据后,高管必须就组织裁员事宜和每个部门依次分别进行沟通,至于沟通的内容、方式、途径、技巧等可以不同,但相互之间不能公开。高管在所有沟通都完成后,要向老师报告"沟通完毕",由老师宣布:

"沟通工作结束,模拟转入到下一步,开始裁员启动诉求的第 2 轮投票。"

接下来,由老师分别发给各部门一张纸条,纸条上写明两个选择项:"支持裁员启动诉求"和"反对裁员启动诉求",再次让各部门不受影响地进行第 2 轮投票选择。老师根据投票结果进行统计,看看投票结果是出现(3.1)(3.2)还是(3.3)的情况,从而来判断模拟如何继续:

对于 (3.1) 的情况:

如果第 2 轮投票选择的结果是所有部门都选择"支持",高管的裁员启动诉求获得支持,则由老师宣布:

"统计结果显示,高管的裁员启动诉求获得通过;由于高管的裁员启动诉求获得通过,未在组织内部遇到主要的反对,也未引起较为明显的组织内部冲突,每个部门以及高管都不需要变动自己的组织币总数,裁员启动模拟结束,模拟转到后面的'裁员正式实施模拟'模块的第 1 条。"

对于 (3.2) 的情况:

如果第 2 轮投票选择的结果显示:有部门选择了"反对",但选择"反对"的部门数比例不足 2/3 时(意味着对由 3 个部门构成的组织而言,投票"反对"的部门总数为 1),即使存在"反对"部门,也不再重新进行投票选择了,此时所有的部门都必须集体无条件选择"支持"裁员启动诉求,然后,由老师宣布:

"统计结果显示,高管的裁员启动诉求获得通过,裁员启动模拟结束,模拟转到后面的'裁员正式实施模拟'模块的第 1 条。"由于还有个别部门过于阻挠高管正常的工作诉求,因此,每个部门都为此受到牵连,每个部门都必须分别从自己的组织币总数中减少 1 个,而高管的组织币总数不做变动。

对于 (3.3) 的情况——需要进行第 3 轮投票:

如果第 2 轮投票选择的结果显示:选择"反对"的部门数比例为 2/3 及以上时(意味着对由 3 个部门构成的组织而言,投票"反对"的部门总数为 2 或 3),即使存在"支持"部门,此时也强制要求所有部门都必须集体无条件选择"反对"裁员启动诉求。然后,由老师宣布:

"统计结果显示,高管的裁员启动诉求没有获得通过,行动失败,需要进行第 3 轮投票选择,以决定高管的裁员启动诉求是否通过。"在这种强制要求集体选择"反对"的情况下,由于部门与高管之间的交锋过于激烈、尖锐与漫长,使得整个组织产生了较为明显的内耗,因此,每个部门都必须分别从自己的组织币总数中自动减少 1 个,而高管要承担较多的责任,必须从自己的组织币总数中自动减少 2 个。

但是,在第 3 轮投票开始之前,由老师告诉高管,让其可以选择(当然,也可以不选择,由高管自己决定)给不超过 2(0、1 或 2)个部门分别转移支付不超过 2(0、1 或 2)个组织币,争取让该部门支持自己(为了不让各部门相互知晓具体信息,做法可以是:高管向每个部门发一张纸条,上面分别写着转移支付"0""1"或"2"个组织币),当转移支付完成时,高管及部门都在自己的组织币总数中相应增减对应的组织币数量。当然,高管的这种做法是有风险的,因为得到转移支付的部门在后续的投票中是自主投票的,它可以不选择支持高管。

转移支付之后,开始第 3 轮的裁员启动投票选择流程。

与此同时,老师公布高管行动及各部门第 3 轮投票的决策依据,以供其在决策时参考(共分 3 种情况):

(3.3.1)如果第 3 轮投票选择的结果是所有部门都选择"支持",高管的裁员启动诉求获得通过,没有在组织内部遇到主要的反对,也没有引起较为明显的组织内部冲突,每个部门以及高管都不需要变动组织币总数，裁员启动模拟结束，模拟转到后面的"裁员正式实施模拟"模块的第1条。

（3.3.2）如果第3轮投票选择的结果显示：有部门选择了"反对"，但选择"反对"的部门数比例少于2/3时（意味着对由3个部门构成的组织而言，投票"反对"的部门总数为1），即使存在"反对"部门，也不再重新进行投票选择了，此时强制要求所有部门都必须集体无条件选择"支持"高管的裁员启动诉求，裁员启动模拟结束，模拟转到后面的"裁员正式实施模拟"的第1条。由于还有个别部门过于阻挠高管正常的工作诉求，因此，每个部门都要为此受到拖累，每个部门都必须分别从自己的组织币总数中自动减少1个，而高管的组织币总数不做变动。

（3.3.3）如果第3轮模拟的结果显示：选择"反对"的部门数比例为2/3及以上时（意味着对由3个部门构成的组织而言，投票"反对"的部门总数为2或3），高管的裁员启动诉求没有获得投票通过，但是，由于部门不顾情况的多次反对，已延迟了高管正常的工作诉求，正式的裁员计划必须开始，高管现在有权开始实施正式的裁员计划了，裁员启动模拟结束，模拟转到后面的"裁员正式实施模拟"模块的第1条。由于部门与高管之间的激烈对抗，对组织整体和各自都造成了较大的损失，此时，高管以及每个部门都必须分别从自己的组织币总数中自动减少2个。

由老师统计第3轮的投票结果，根据结果并结合（3.3.1）（3.3.2）（3.3.3）的情况，增减组织币，并宣布裁员启动模拟至此全部结束,模拟此后全部转到下面的"裁员正式实施模拟"模块的第1条。

三、裁员正式实施模拟

1. 此时可由老师告知每个高管在各自组织完成的裁员总人数。裁员人数可初定为某个数量,例如可初始设定在10至30人之间。随着模拟的推进,老师可根据实际情况随时决定是否增加裁员人数。关于裁员总人数的信息只有高管掌握,在后续的模拟过程中,除非特别说明,不得向各个部门泄露。注意,当出现以下三种情况之一时:规定的裁员总人数全部都成功实现、组织内部出现2个部门的员工被裁完或2个部门已支付完自己手中的组织币并同时成为负数、某个组织的高管已支付完自己手中的组织并成为负数,该组织的整个模拟随之完成并自动停止,老师要中止所有模拟流程,并记录此时该组织中每个模拟角色的结果状态。

因为要完成总裁员任务需要经过分批次实施才能实现,所以,为了完成任务,需要老师为每个高管制定每一批裁员的标准,如每批次裁员的人数、每批次对某具体部门的裁员要求等。此标准应在正式裁员开始时告知各位高管,并由其在正式裁员模拟中始终如一地执行(按照该标准执行几批次后,老师也可以重新制定新标准,令高管按新标准执行),且不可将具体的标准信息泄露给各个部门任何人员。

为了便于理解与操作,关于下面裁员正式实施模拟阶段各环节的投票逻辑与具体流程,可以用图3-3加以表示。

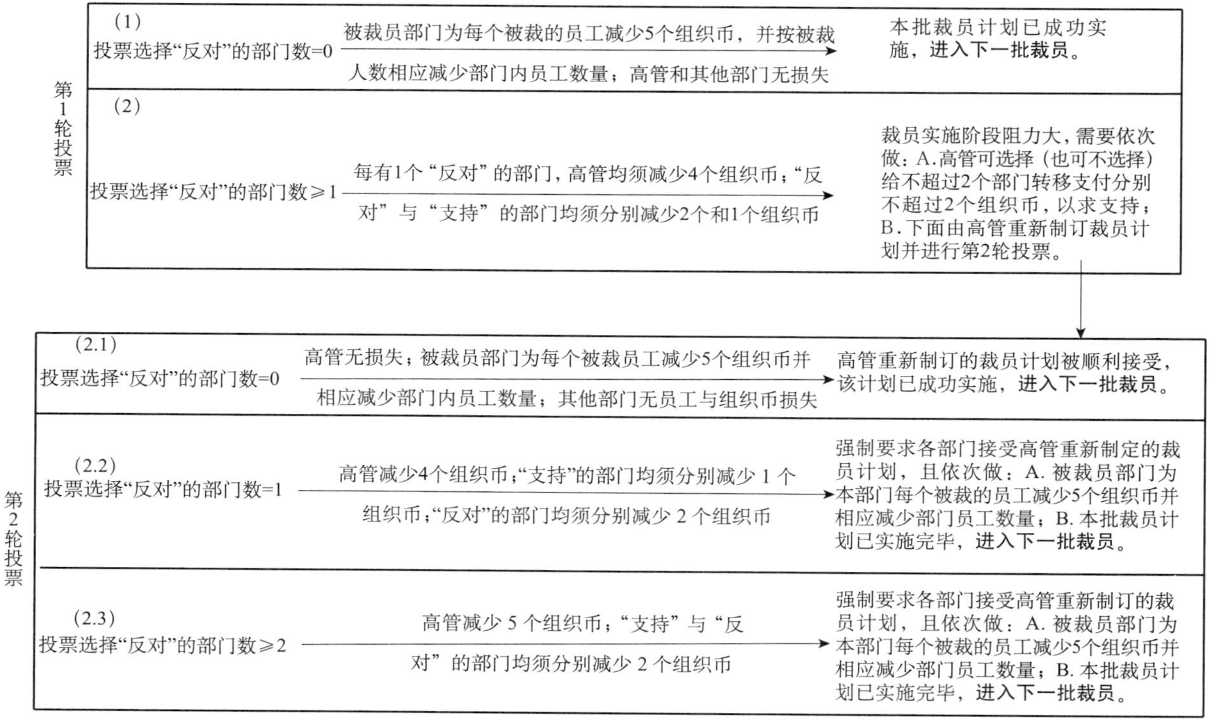

第三部分 组织变革系列模拟

第1轮投票

(1) 投票选择"反对"的部门数=0
裁员部门为每个被裁的员工减少5个组织币,并按被裁人数相应减少部门内员工数量;高管和其他部门无损失 → 本批裁员计划已成功实施,进入下一批裁员。

(2) 投票选择"反对"的部门数≥1
每有1个"反对"的部门,高管均须减少4个组织币;"反对"与"支持"的部门均须分别减少2个和1个组织币
裁员实施阶段阻力大,需要依次做:A.高管可选择(也可不选择)给不超过2个部门转移支付组织币,以求支持;B.下面由高管重新制订裁员计划并进行第2轮投票。

第2轮投票

(2.1) 投票选择"反对"的部门数=0
高管无损失;被裁员部门为每个被裁员工减少5个组织币并相应减少部门内员工数量,其他部门无员工与组织币损失 → 高管重新制订的裁员计划被顺利接受,该计划已成功实施,进入下一批裁员。

(2.2) 投票选择"反对"的部门数=1
高管减少4个组织币,"支持"与"反对"的部门均须分别减少2个组织币 → 强制要求各部门接受高管重新制订的裁员计划,且依次做:A.被裁员部门为本批计划每个被裁减的员工数量;B.本批裁员,相应减少部门内员工数量,进入下一批裁员。划已实施完毕,进入下一批裁员。

(2.3) 投票选择"反对"的部门数≥2
高管减少5个组织币,"支持"与"反对"的部门均须分别减少2个组织币 → 强制要求各部门接受高管重新制订的裁员计划,且依次做:A.被裁员部门为本批计划每个被裁减的员工数量;B.本批裁员,相应减少部门内员工数量,进入下一批裁员。划已实施完毕,进入下一批裁员。

图3-3 裁员正式实施模拟阶段投票逻辑与操作流程示意图

INSERT

◆ 图中每个大方框代表着某轮投票的整体依据与行动逻辑。

◆ 大方框中每个小方框对应着该轮投票后出现的具体结果及其对应的决策收益表、行动方案。

◆ 每个小方框内的序号与下文的序号相同，代表着模拟的某个对应环节，方框之间的箭线代表了第1轮与第2轮投票结果之间的流程走向。

当图中小方框里出现"进入下一批裁员"字样时，代表着该批次正式裁员完成，模拟转入到下一批次正式裁员过程中；否则，按图中箭线指示的流程继续进行第2轮投票，直至小方框里出现"进入下一批裁员"字样。

2. 高管制订本批裁员计划，并给自己组织内部的每个部门分别发放某一批次的"裁员通知"，上面写着本批裁员计划在该部门裁撤多少人。注意，"裁员通知"要发给所有部门，如果不在该部门裁员的话，只要在下发给该部门的通知纸条上写明裁员人数为"0"即可，同时，除非特别说明，各个部门之间不能相互公开并泄露其有关被裁员的所有信息。

在高管做出裁员计划并发放"裁员通知"之前，由老师公布高管行动及各部门投票的决策依据，以供其在决策时参考（共分两种情况）：

（1）不论部门收到的"裁员通知"上要求本批次从该部门裁员还是不裁员（即不论"裁员通知"上所写的裁员数量是多少），如果组织内所有的部门都投票选择"支持"高管的裁员计划，则此批裁员计划顺利通过，被成功裁员的部门按照此批被裁员情况相应减少员工数量以及组织币数量。具体为：每被裁1人，该部门必须从自己的组织币总数中减少5个（如果没有被裁员，则不需变动其组织币总数），并相应减少自己部门内部的员工数量（如果没被成功裁员，则不需要变动其部门内部的员工数量），除此之外，各部门以及高管都不需要再额外对其组织币总数进行变动。

（2）只要有部门投票选择了"反对"（即使某部门本批没有被要求裁员，即被要求的裁员数为0，也可以投票选择"反对"高管的裁员计划），则意味着该组织的高管本次裁员计划失败，本批裁员计划作废。高管需要重新制订裁员计划，并交由各部门进行第2轮投票选择。在这种情况下，"支持"部门均需从自己的组织币总数中分别自动减少1个（因为其他部门选择了"反对"，对整个组织产生了负面作用，组织内部的整体资源会受损，因此支持的部门也要为此受牵连，支付一定数量的组织币）。而"反对"的部门均需分别从自己的组织币总数中自动减少2个。对高管而言，每有一个部门投票选择反对，他都要为此从自己的组织币总数中减少4个。

3. 每个部门接到高管下发的某批次"裁员通知"后，根据通知来分别投票决定是否选择接受，再由老师来统计所有部门的选择结果。

根据统计出来的各部门投票结果，并结合上面第 2 条（1）（2）两种情况，做出裁定：

对于第（1）种情况：

投票结果出现第上面（1）种情况时，按照第（1）种情况中所列规则，要求各部门相应变动各自的组织币数量以及员工数量。

然后，由老师宣布：

"本批裁员计划已成功实施，裁员工作进入新的一批"（即模拟自动转向"裁员正式实施模拟"模块的第 2 条重新开始）。

对于第（2）种情况——需要进行第 2 轮投票：

投票结果出现上面第（2）种情况时，按照第（2）种情况中所列规则，要求高管及各部门相应变动各自的组织币数量。

然后，由老师告诉高管，让其可以选择（当然，也可以不选择，由高管自己决定）给不超过 2（0、1 或 2）个部门分别转移支付不超过 2（0、1 或 2）个组织币，争取让该部门支持自己（为了不让各部门相互知晓具体信息，做法可以是：高管向每个部门发一张纸条，上面分别写着转移支付"0""1"或"2"个组织币），当转移支付完成时，高管及部门都在自己的组织币总数中相应增减对应的组织币数量。当然，高管的这种做法是有风险的，因为得到转移支付的部门在后续的投票中是自主投票的，它可以不选择支持高管。

转移支付之后，由高管重新制订裁员计划（注意，此次裁员计划与前面刚作废的裁员计划不一定要求保持一样），并且以新的"裁员通知"的形式让组织内的各部门进行第2轮投票选择。

在高管做出新的裁员计划并发放新的"裁员通知"之前，由老师公布高管行动及各部门第2轮投票的决策依据，以供其在决策时参考（共分3种情况）：

（2.1）如果第2次投票选择中所有部门都投票选择"支持"时，则本批裁员计划顺利通过，被成功裁员的部门按照本批被裁员的数量变动相应的组织币，具体为：每被裁1人，该部门必须从自己的组织币总数中减少5个（如果没有被成功裁员，则不需变动其组织币总数），并相应减少自己部门内部的员工数量（如果没被成功裁员，则不需要变动其部门内部的员工数量），除此之外，各部门以及高管都不需要再额外对其组织币总数进行变动。

（2.2）如果第2次投票选择中还有部门投票选择了"反对"但选择"反对"的部门数比例小于2/3（意味着对由3个部门构成的组织而言，投票"反对"的部门总数为1）时，凡是投票选择"支持"的部门，均需分别从自己的组织币总数中自动减少1个组织币，投票选择"反对"的部门，需从自己的组织币总数中自动减少2个组织币，而对高管而言，需从自己的组织币总数中总共减少4个组织币。尽管高管第2次提交的裁员计划仍有反对意见，但不足以阻止裁员的实施，因此，所有的部门均需集体无条件接受高管第2次提交的裁员计划，被成功裁员的部门按照此轮被裁员情况相应减少员工数量以及组织币数量,具体为:每被裁 1 人,该部门必须从自己的组织币总数中减少 5 个(如果没有被成功裁员,则不需变动其组织币总数),并相应减少自己部门内部的员工数量(如果没被成功裁员,则不需要变动其部门内部的员工数量),除此之外,各部门以及高管都不需要再额外对其组织币总数进行变动。

(2.3) 如果第 2 轮投票选择中还有部门投票选择"反对"且投票选择"反对"的部门数比例为 2/3 及以上时(意味着对由 3 个部门构成的组织而言,投票"反对"的部门总数为 2 或 3),投票选择"支持"与"反对"的部门均需分别从自己的组织币总数中自动减少 2 个,而对高管而言,不论其组织内投票选择"反对"的部门数量多少,都必须从自己的组织币总数中总共减少 5 个。尽管高管第 2 次提交的裁员计划遇到的阻力较大,由于裁员势在必行,因此,所有的部门均需无条件接受高管第 2 次提交的裁员计划,被成功裁员的部门按照此批被裁员的数量变动相应的组织币,具体为:每被裁 1 人,该部门必须从自己的组织币总数中减少 5 个(如果没有被成功裁员,则不需变动其组织币总数),并相应减少自己部门内部的员工数量(如果没被成功裁员,则不需要变动其部门内部的员工数量),除此之外,各部门以及高管都不需要再额外对其组织币总数进行变动。

组织内部的每个部门接到高管下发的第 2 次新的"裁员通知"后,根据该"裁员通知"来分别进行第 2 轮投票决定是否选择接受,再由老师来统计所有部门的选择结果。

根据统计出来的各部门投票结果,并结合上面(2.1)(2.2)和(2.3)三种情况,做出裁定:

对于(2.1)的情况:

投票结果出现上面(2.1)的情况时,按照(2.1)情况中所列规则,要求各部门相应变动各自的组织币数量和员工数量。

然后,由老师宣布:

"经第2次投票,本批裁员计划已成功实施,裁员工作进入新的一批。"(即模拟自动转向"裁员正式实施模拟"模块的第2条重新开始)

对于(2.2)的情况:

投票结果出现上面(2.2)的情况时,按照(2.2)情况中所列规则,要求高管及各部门相应变动各自的组织币数量以及各部门内的员工数量。

然后,由老师宣布:

"经第2次投票,本批裁员计划已成功实施,裁员工作进入新的一批。"(即模拟自动转向"裁员正式实施模拟"模块的第2条重新开始)

对于(2.3)的情况:

投票结果出现上面(2.3)的情况时,按照(2.3)情况中所列规则,要求高管及各部门相应变动各自的组织币数量以及各部门内的员工数量。

然后,由老师宣布:

"经第2次投票,本批裁员计划已成功实施,裁员工作进

入新的一批。"（即模拟自动转向"裁员正式实施模拟"模块的第 2 条重新开始）

4. 重新从"裁员正式实施模拟"模块的第 2 条开始做新一批的裁员模拟，直至"裁员正式实施模拟"的第 1 条初始确定的总裁员计划成功完成，或组织内部出现 2 个部门的员工同时被裁完，或组织内部出现 2 个部门同时支付完自己手中的组织币并成为负数，或某个组织的高管支付完自己手中的组织币并同时成为负数时，该组织的模拟随之完成并自动停止。如果未达到上述自动停止状态而同时组织内有且仅有 1 个部门被淘汰出局时，模拟应按照以下第 5 条继续进行，直至结束。

5. 以上为组织内部 3 个部门同时参与的"裁员正式实施模拟"的规则、程序与步骤，当"裁员正式实施模拟"未达到自动停止状态但组织内出现只有 1 个部门被淘汰出局（即组织内只有 2 个部门进行模拟）的情况时，需要按照以下投票依据展开模拟。

INSERT

除下面特别说明，其余规则均与 3 个部门同时参与模拟的规则完全相同。

为了便于理解与操作，关于下面裁员正式实施中只剩两个部门进行模拟的各环节投票逻辑与具体流程，可以用图 3-4 加以表示。

◆ 图中每个大方框代表着某轮投票的整体依据与行动逻辑。

◆ 大方框中每个小方框对应着该轮投票后出现的具体结果及其对应的决策收益表、行动方案。

◆ 每个小方框内的序号与下文的序号相同,代表着模拟的某个对应环节,方框之间的箭线代表了第 1 轮与第 2 轮投票结果之间的流程走向。

当图中小方框里出现"进入下一批裁员"字样时,代表着该批次正式裁员完成,模拟转入到下一批次正式裁员过程中;否则,按图中箭线指示的流程继续进行第 2 轮投票,直至小方框里出现"进入下一批裁员"字样。

在组织内只有 2 个部门进行的模拟中,特别值得注意的是,高管仍需遵守此前要求的分批次、按规定标准实施裁员的规则,且不可将具体的标准信息泄露给各个部门。

高管制订本批裁员计划,并给自己组织内部的 2 个部门分别发放某一批次的"裁员通知",上面写着本批裁员计划在该部门裁撤多少人。注意,"裁员通知"要发给所有部门,如果不在该部门裁员的话,只要在下发给该部门的通知纸条上写明裁员人数为"0"即可,同时,除非特别说明,2 个部门之间不能相互公开并泄露其有关被裁员的所有信息。

在高管做出裁员计划并发放"裁员通知"之前,由老师公布高管行动及 2 个部门投票的决策依据,以供其在决策时参考(共分两种情况):

	投票情况	操作
第1轮投票	(1) 投票选择"反对"的部门数=0	被裁员部门为每个被裁员工减少5个组织币并按被裁人数相应减少部门内部的员工数量;高管和其他部门无损失。本批裁员计划已成功实施,进入下一批裁员。
	(2) 投票选择"反对"的部门数≥1	每有1个"反对"的部门,高管均须减少4个组织币;"支持"与"反对"的部门均须分别减少2个和1个组织币。裁员实施阶段阻力大,需要依次选做:A.高管可选择(也可不选择)给1个部门转移支付不超过2个组织币,以求支持;B.一面由高管重新制订裁员计划并进行第2轮投票。
第2轮投票	(2.1) 投票选择"反对"的部门数=0	被裁员部门为每个被裁员工减少5个组织币并按被裁人数相应减少部门内员工数量;高管和其他部门无损失。高管重新制订的裁员计划被顺利接受,该计划已成功实施,进入下一批裁员。
	(2.2) 投票选择"反对"的部门数=1	高管减少4个组织币;"支持"的部门减少1个组织币;"反对"的部门减少2个组织币。强制要求各部门接受高管重新制订的裁员计划,且依次做:A.被裁员部门每个被裁员工减少5个组织币并相应减少部门员工数量;B.本批裁员计划已实施完毕,进入下一批裁员。
	(2.3) 投票选择"反对"的部门数=2	高管减少5个组织币;"支持"与"反对"的部门均分别减少2个组织币。强制要求各部门接受高管重新制订的裁员计划,且依次做:A.被裁员部门每个被裁员工减少5个组织币并相应减少部门员工数量;B.本批裁员计划已实施完毕,进入下一批裁员。

图3-4 裁员正式实施模拟阶段中组织内只剩2个部门的投票逻辑与操作流程示意图

(1) 如果投票选择"反对"高管裁员计划的部门共为 0 时（即全部为"支持"），则本批裁员计划顺利通过，被成功裁员的部门按照此轮被裁员的数量变动相应的组织币，具体为：每被裁 1 人，该部门必须从自己的组织币总数中减少 5 个（如果没有被成功裁员，则不需变动其组织币总数），并相应减少自己部门内部的员工数量（如果没被成功裁员，则不需要变动其部门内部的员工数量），除此之外，各部门以及高管都不需要再额外对其组织币总数进行变动。

(2) 只要有部门投票选择了"反对"（有 1 个或 2 个"反对"的部门），则意味着高管本批裁员行动失败，本批裁员计划作废，高管需要重新制订裁员计划，并交由各部门进行第 2 次投票选择。在这种情况下，选择"支持"的部门（如果有）需从自己的组织币总数中自动减少 1 个；而选择"反对"的部门需要分别从自己的组织币总数中自动减少 2 个；而对高管而言，每有一个部门投票选择"反对"，他都要从自己的组织币总数中减少 4 个。

组织内部的每个部门接到高管下发的某批"裁员通知"后，根据"裁员通知"来分别投票决定是否选择接受，再由老师来统计所有部门的选择结果。

根据统计出来的各部门投票结果，并结合上面的（1）（2）两种情况，做出裁定。

对于第（1）种情况：

投票结果出现第上面第（1）种情况时，按照第（1）种情况中所列规则，要求各部门相应变动各自的组织币数量和员工数量。

然后，由老师宣布：

"本批裁员计划已成功实施，裁员工作进入新的一批。"（即模拟自动转向"裁员正式实施模拟"模块的第 5 条重新开始）

对于第（2）种情况——需要进行第 2 轮投票：

投票结果出现上面第（2）种情况时，按照第（2）种情况中所列规则，要求高管及各部门相应变动各自的组织币数量。

然后，由老师告诉高管，让其可以选择（当然，也可以不选择，由高管自己决定）给不超过 2（0、1 或 2）个部门分别转移支付不超过 2（0、1 或 2）个组织币，争取让该部门支持自己（为了不让各部门相互知晓具体信息，做法可以是：高管向每个部门发一张纸条，上面分别写着转移支付"0""1"或"2"个组织币），当转移支付完成时，高管及部门都在自己的组织币总数中相应增减对应的组织币数量。当然，高管的这种做法是有风险的，因为得到转移支付的部门在后续的投票中是自主投票的，它可以不选择支持高管。

转移支付之后，由高管重新制订裁员计划（注意，此次裁员计划与前面刚作废的裁员计划不一定要求保持一样），并且以新的"裁员通知"的形式让组织内的各部门进行第 2 轮投票选择。

在高管做出新的裁员计划并发放新的"裁员通知"之前，由老师公布高管行动及各部门第 2 轮投票的决策依据，以供其在决策时参考（共分三种情况）：

（2.1）如果第 2 轮投票选择"反对"的部门数为 0 个时（即全部为"支持"），则本批裁员计划顺利通过，被成功裁员的部门按照此轮被裁员的数量变动相应的组织币，具体为：每被裁 1 人，该部门必须从自己的组织币总数中减少 5 个（如果没有被成功裁员，则不需变动其组织币总数），并相应减少自己部门内部的员工数量（如果没被成功裁员，则不需要变动其部门内部的员工数量），除此之外，各部门以及高管都不需要再额外对其组织币总数进行变动。

（2.2）如果第 2 轮投票选择"反对"的部门数为 1 个时，投票选择"支持"的部门，需要从自己的组织币总数中自动减少 1 个；投票选择"反对"的部门，需要从自己的组织币总数中自动减少 2 个；而对高管而言，需从自己的组织币总数中总共减少 4 个。尽管高管第 2 次提交的裁员计划仍有反对意见，但不足以阻止裁员的实施，因此，所有的部门均需集体无条件接受高管第 2 次提交的裁员计划，被成功裁员的部门按照本批被裁员情况相应减少员工数量以及组织币数量，具体为：每被裁 1 人，该部门必须从自己的组织币总数中减少 5 个（如果没有被成功裁员，则不需变动其组织币总数），并相应减少自己部门内部的员工数量（如果没被成功裁员，则不需要变动其部门内部的员工数量），除此之外，各部门以及高管都不需要再额外对其组织币总数进行变动。

（2.3）如果第 2 轮投票选择"反对"的部门数为 2 时（即

全部为"反对"),投票选择"反对"的部门均需分别从自己的组织币总数中自动减少 2 个;而对高管而言,必须从自己的组织币总数中总共减少 5 个。尽管高管第 2 次提交的裁员计划遇到的阻力较大,由于裁员势在必行,因此,所有的部门均需无条件接受高管第 2 次提交的裁员计划,被成功裁员的部门按照本批被裁员的数量变动相应的组织币,具体为:每被裁 1 人,该部门必须从自己的组织币总数中减少 5 个(如果没有被成功裁员,则不需变动其组织币总数),并相应减少自己部门内部的员工数量(如果没被成功裁员,则不需要变动其部门内部的员工数量),除此之外,各部门以及高管都不需要再额外对其组织币总数进行变动。

组织内部的每个部门接到高管下发的第 2 次新的"裁员通知"后,根据该"裁员通知"来分别进行第 2 轮投票决定是否选择接受,再由老师来统计所有部门的选择结果。

根据统计出来的各部门投票结果,并结合上面(2.1)(2.2)和(2.3)三种情况,做出裁定:

对于(2.1)的情况:

投票结果出现上面(2.1)的情况时,按照(2.1)情况中所列规则,要求各部门相应变动各自的组织币数量和员工数量。

然后,由老师宣布:

"经第 2 轮投票,本批裁员计划已成功实施,裁员工作进入新的一批。"(即模拟自动转向"裁员正式实施模拟"模块的第 5 条重新开始)

对于 (2.2) 的情况：

投票结果出现上面（2.2）的情况时，按照（2.2）情况中所列规则，要求高管及各部门相应变动各自的组织币数量以及各部门内的员工数量。

然后，由老师宣布：

"经第 2 轮投票，本批裁员计划已成功实施，裁员工作进入新的一批。"（即模拟自动转向"裁员正式实施模拟"模块的第 5 条重新开始）

对于 (2.3) 的情况：

投票结果出现上面（2.3）的情况时，按照（2.3）情况中所列规则，要求高管及各部门相应变动各自的组织币数量以及各部门内的员工数量。

然后，由老师宣布：

"经第 2 轮投票，本批裁员计划已成功实施，裁员工作进入新的一批。"（即模拟自动转向"裁员正式实施模拟"模块的第 5 条重新开始）

当"裁员正式实施模拟"模块的第 1 条中确定的总裁员计划全部完成，或高管支付完自己手中的组织币并同时成为负数，或组织内只剩 1 个部门未被淘汰或 2 个部门同时被淘汰出局时，2 个部门的"裁员正式实施模拟"即告自动停止，整个模拟也至此完全结束。

模拟二 增加信息传播者角色的模拟

一个组织在变革过程中，内部免不了会传播着各种信息，这种情况的存在，会对变革起到一定的影响。为了更好地体现组织变革中的多样性与复杂性，可以在模拟中增加信息传播者的角色。

在一个组织中，除了设置 1 名高管、3 个部门的模拟角色，还另外设置 1 名信息传播者的模拟角色。信息传播者必须清楚地记录下所在组织内的高管与每个部门初始组织币数量、组织币的变动情况、剩余组织币数量、裁员总数量、每次在各部门的裁员情况及每个角色每次的决策信息。也就是说，信息传播者完全掌握整个模拟中每个参与者的所有真实信息。具体做法为：信息传播者首先记录下所有参与者在模拟中的所有初始相关信息；其次，每个部门每次投票信息、高管每次的裁员计划信息等，都随时抄送一份送往信息传播者那里进行记录。

信息传播者会将各部门与高管的完整信息汇总起来，出于在模拟中自己个人的角色定位向每个参与者提供，但是，值得注意的是，他提供的信息可能真实，也可能不真实，模拟中其他参与者可以根据自己的判断来决定是否参考与采用。

信息传播者在模拟中的个人角色定位必须在整个模拟开始之前进行确定，而且一旦确定，整个模拟结束之前在中途都不可更改。同时，这个角色定位不能向其他任何参与者公开，在模拟的整个过程中不能公开宣称自己的角色定位。

可以在此简单设置一些信息传播者在模拟中的角色定位，以供其选择并确定其中之一：

（1）信息传播者可以确定其组织内某个部门为其竞争者（或支持者）。扮演这种角色定位意味着信息传播者将全力运用自己手里掌握的信息，使该部门成为其所在组织所有参与者的模拟结果中的成绩最差者（或最佳者）。

（2）信息传播者可以确定其组织内所有部门为其支持者。这种角色定位意味着信息传播者将全力运用自己手里掌握的信息，在组织内没有一个部门被淘汰出局的前提下，使该组织的裁员模拟因高管被淘汰出局而自动停止并结束。

（3）信息传播者可以确定其组织内的高管为其支持者。这种角色定位意味着信息传播者将全力运用自己手里掌握的信息，使模拟因组织内至少 2 个部门被淘汰出局而自动停止并结束，或者使该组织的模拟仅因该组织的高管成功实施完所规定的裁员计划而自动停止并结束。

INSERT

在扮演以上三种角色时，为达到所扮角色的目的，信息传播者可以在模拟的任何环节中主动无偿推介信息给所有参与者或在参与者需要时无偿提供信息,信息是真是假、半真半假、质量好坏等,则完全由信息传播者自己根据角色定位进行掌握。在模拟结束时,如果信息传播者实现了自己的角色任务,其成绩可以排序在该组织内所有参与者之前;否则,则排序在该组织内所有参与者之后。

(4) 信息传播者可以将自己的角色定位确定为利用掌握的信息尽可能多地获取组织币。在模拟开始时,信息传播者的初始组织币为0。信息传播者在模拟的任何环节中,可以在其组织内部向所有其他参与者主动推销信息或接受信息求购,信息价格以组织币作为衡量标准,同一组织内的其他所有模拟参与者均可出价购买。若有购买意向者,则与信息传播者共同协商彼此对于该次信息交易的可接受价格,达成一致后,由信息购买者从自己手中的组织币中转移支付相应数量的组织币给信息传播者。因此,信息传播者角色定位的唯一目标是在模拟结束前尽量将信息出售出去,以使自己从组织内的其他模拟参与者那里获得尽可能多的组织币。他只关注谁愿意出价,谁愿意多出价,让尽可能多的参与者愿意购买信息,让尽可能多的参与者尽可能多次购买信息,等等。信息传播者在模拟中不能将其信息交易的真实情况进行公开。值得说明的是,信息传播者所出售的信息是真是假、半真半假、质量好坏等,则完全由其根据自己的角色定位进行掌握,同时也不会为出售信息的结果而退还组织币。模拟结束时,依据信息传播者出售信息所获得的组织币数量多少来评价其成绩：信息传播者如果因出售信息而获得的组织币数量达到或超过其所在组织内其他参与者在整个模拟中减少的组织币数量总和（不包括为购买信息而支付的组织币数量总和）的一半，则其成绩可以排序在该组织内所有参与者之前；否则，则排序在该组织内所有参与者中间位置。

（5）如果是一个以上的多组织同时分别展开模拟，信息传播者可以确定其角色定位为：在整个模拟结束时，相对于其他组织，使其所在组织内各部门被裁员人数总和最多（或最少），或各部门与高管剩余的组织币数量总和最少（或最多）。为达此角色目的，信息传播者可以在整个模拟的任何环节中主动无偿推介信息给所有参与者或在参与者需要时无偿提供信息，信息是真是假、半真半假、质量好坏等，则完全由信息传播者自己根据角色定位进行掌握。在模拟结束时，如果信息传播者实现了自己的角色定位，其成绩可以排序在所有组织的所有参与者之前（实现了角色定位的不同组织的信息传播者按其实现水平进行排序）；否则，则排序在该组织的所有参与者之后（未实现角色定位的不同组织的信息传播者按其未实现水平进行排序）。

除了上述所特别说明或增加的，本模拟的其他所有规则、标准、程序、步骤、流程等均与基础模拟完全相同。

模拟三　构建执行团队的模拟

基础模拟是以组织内推行变革的高管与其下属部门之间的对抗性特点为主线进行设计的，这样设计的主要逻辑是主要展示组织变革往往会伴随着来自内部（例如下属部门）一定的阻力，但是，并不意味着不能消减或降低这种对抗性与阻力的程度。事实上，要想使组织变革得以相对顺利地推行，除了组织高管的发展理念、组织文化、组织资源支撑等复杂纠缠的因素，一个关键因素在于是否能够构建便利组织变革的执行团队。

INSERT

以施耐庵的《水浒传》为例，宋江成为水泊梁山的第一头领之后，调整了梁山的发展定位（显然属于一种组织变革行为），这一发展定位的调整虽然有一定的反对声音，但最终却能得以相对顺利地执行并得到相对较多的认同，究其原因，主要在于宋江拥有认同自己的一批执行团队。

可以将施耐庵的《水浒传》中 108 位好汉全部聚齐水泊梁山为分析时点,将这 108 位好汉两两相互之间在上梁山之前的所有交往或熟知关系完整梳理一下。提炼这 108 位好汉两两相互之间产生的各种各样的联系时,只要两方中任何一方在上梁山之前就与另一方产生过交往或熟知关系,就认为他们之间构成了一对网络关系,然后利用社会网络的专用分析软件 Ucinet(Borgatti,Everett,Freeman,2002)及其附带的 Netdraw 画图模块(Borgatti,2002)[①],将这 108 位好汉两两相互之间的社会关系网络图画出来并按随机分布方式加以展示(见图 3-5)。图 3-5 如同一堆杂草,看不出太多规律来,或者唯一直观能感受出的规律便是这看起来确实像一堆杂草。但是,如果利用 Netdraw 画图模块(Borgatti,2002)按照喷泉往外喷水的方式重新绘制并调整后展示如图 3-6 所示,就能看出许多规律来。其中的一个重要规律便是梁山的重要团队成员大多都与核心人物宋江有着深厚的个人联系,以及相似的利益诉求或价值观取向,他们无疑构成了宋江成为第一头领后重新确定梁山发展定位的坚定支持者与执行者。

---

① Borgatti, S. P., Everett, M. G., Freeman, L. C. Ucinet for Windows: Software for Social Network Analysis. Harvard, MA: Analytic Technologies, 2002; Borgatti, S. P. Netdraw Network Visualization. Harvard, MA: Analytic Technologies, 2002.

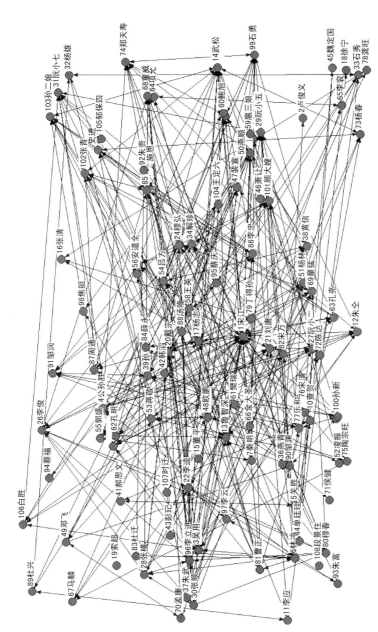

图3-5 按随机方式展示出的水浒108位好汉关系网络示意图

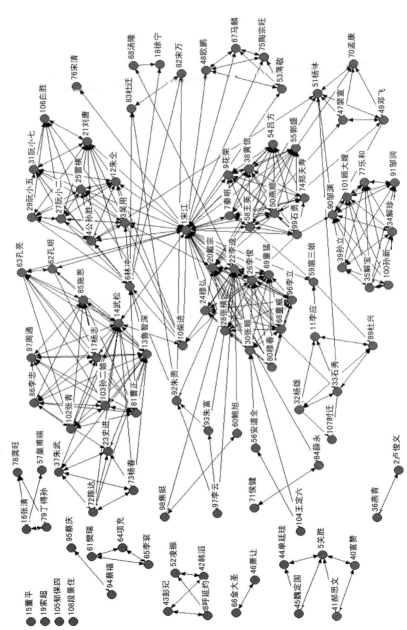

图3-6 按喷泉往外喷水方式展示出的水浒108位好汉关系网络示意图

因此，为了体现组织变革对抗性的消减特色，本模拟特定设置为感受构建执行团队作用的模拟。具体做法是：在模拟开始之前，在组织内随机选定一个部门，将其角色定位为在模拟中始终做出对高管有利的决策，尽量使得高管获得最好的绩效，同时也将该部门的角色定位告知高管，但是，在模拟中高管和该部门均独立、背对背决策。此外，还应规定，该部门无论模拟结束时其实际的成绩如何，其最终的成绩评定均与高管一致，也就是说，高管在模拟中的成绩就代表了该部门的成绩。

当然，上述某个部门的角色定位如果让参与模拟的其他部门也知道的话，模拟的现实情境性就会降低。为了增强模拟的现实情境性，也同时为了体现组织变革对抗性增减的团队因素，有两种处理办法：

一种是在组织内随机选择一个部门扮演上述角色定位，但不将其角色定位告知高管，当然也不会让其他部门知晓。

另一种是可为组织中的某个部门另外设置一种角色定位：可随机选定一个部门，将其角色定位为在模拟中始终做出整体上对高管不利的决策，同时将该部门的角色定位告知其他部门（或者不告知其他部门），但一定不告知高管。此外，还应规定，该部门无论模拟结束时其实际的成绩如何，其最终的成绩评定均与该组织内成绩最好的部门一致。通过这种现实情境，来反向衬托并感受出组织变革中构建执行团队的重要性以及对削减组织变革中的内部对抗性（内耗）的作用。

在模拟时，可以让某个部门随机按照上述不同的角色定位以及具体情境操作原则的不同组合策略来展开实施，以增强本模拟的现实情境贴切性。

除了上述所特别说明或增加的，本模拟的其他所有规则、标准、程序、步骤、流程等均与基础模拟完全相同。

模拟小结

系列模拟中每一个独立模拟计划 4 课时。内部大范围的裁员会给组织带来较大的冲击，因此，本模拟以组织内的裁员这种具体情境来捕捉与展示组织变革过程，并通过每个独立模拟，突出体现组织变革中某些特定因素。

虽然是由三个模拟所组成的系列性模拟，但并不意味着具体操作时需要全部实施，可以综合课程情况实施其中任何一个或两个，也可以将模拟二与模拟三加以整合变为一个独立的模拟。为了体现实践情况的对比效果，建议在开展模拟一的基础上，进行模拟二或模拟三，或者模拟二与模拟三的整合性模拟。

对于模拟三，也可以采取一种变通的方式进行调整。例如，先按模拟一的规则展开，进行到一定时点后，再按模拟三的规则完成后续的模拟。这种模拟的方式也可以产生一种强烈的对比，例如感受差异化的组织文化的作用等。

可以通过调节赋予高管与部门的初始组织币数量、在模拟过程中是否追加赋予组织币及追加赋予的数量、正式裁员的总人数要求，来影响模拟的展开，从而在一定程度上呈现差别化的组织条件对组织变革的影响。